新编21世纪心理学系列教材

心理与教育论文写作

方法、规则与实践技巧

第2版

Psychological and Educational Academic Writing

Methods, Principles and Practices

侯杰泰　邱炳武　常建芳　著

中国人民大学出版社
·北京·

作者简介

侯杰泰　香港中文大学教育心理学卓敏讲座教授，美国教育研究协会院士，国际应用心理学会院士，经济合作与发展组织（OECD）国际学生评估项目（PISA）技术顾问委员、策略委员会委员、PISA 2021 问卷小组委员。曾任香港中文大学副校长，国际应用心理学会教育心理部主席，香港考试及评核局、香港教育局等多个委员会专家、主席或委员。近几年一直担任中国教育部基础教育课程教材专家工作委员会委员，参与高中课程改革工作。在国外主要心理学期刊如 *American Psychologist*、*Journal of Educational Psychology*、*American Educational Research Journal*、*Psychological Methods*、*Journal of Personality and Social Psychology*、*Harvard Educational Review*、*Journal of Educational Measurement* 上发表学术论文 100 余篇。近二十余年，在北京、桂林、上海、广州、南京、西安、重庆、兰州、武汉、深圳、杭州、开封、昆明等多地举办近百次数百人规模的全国性大型高级统计培训班，致力于推动国内教育学及心理学研究。

邱炳武　博士，编审，《心理学报》和《心理科学进展》编辑部主任，中国心理学会理事，中国科学院自然科学期刊编辑研究会理事。1998 年至今，一直从事《心理学报》和《心理科学进展》期刊的编辑工作。曾组织编写《心理学论文写作规范》（科学出版社，2002，2016）。

常建芳　香港中文大学博士，主要研究方向为概念学习、认知损伤的早期筛查与测量。

内容简介

本书主要介绍心理学、教育学等社会科学学科论文的写作规范，兼顾撰写国际学术期刊文章的写作规范。简言之，本书的重点在于研究论文应该报告什么，以及如何报告。对于前者，我们希望说明一篇研究论文在每个部分应该报告的内容，以及不应该报告的内容。对于后者，我们会列出大部分学术期刊对研究论文的规范及要求。这些固定的内容，是基于学术界所广泛认同的惯例，其中很大一部分已经变成《美国心理学会出版手册》（*Publication Manual of the American Psychological Association*）的准则，即所谓 APA 格式。

本书就是主要基于 APA 格式而编写的，内容包括四大部分。第一部分（第一、二章）是引言，指出写作规范的重要性。第二部分（第三章至第十一章）针对论文的结构，逐一介绍内容规范及常用实践技巧，并指出一些常见错误。因为图表制作、统计结果展现及文献引用涉及大量十分细微的规则，所以第三部分（第十二章至第十六章）对这些内容进行了单独且详尽的说明。第四部分（第十七章至第二十章）介绍论文投稿的规范，包括排版的规则、投稿及修改论文时要注意的事项，以及针对学术会议如何制作高质量的简报及海报等。

全书用大量正面和反面的例子说明规则的实际应用，并于每章内容之后提供有针对性的练习，读者可自行检查和测试学习效果。本书可作为心理学、教育学等社会科学学科本科生及研究生论文写作课的教材，也可以作为相关领域学者写作论文的参考书。

第2版前言

在社会科学的研究中，我们赞成创意；但在展示社会科学研究结果时，我们需遵循特定的规则。用研究论文来展示科研成果，正是科研工作的延伸、升华。透过研究论文，我们向读者展示研究问题、背景、方法及结论，然而研究论文的写作，并非易事。除了具备扎实的专业研究素养，还需要能遵循规则，客观、准确、简练及规范地表达研究成果。

很多时候，我们发现，学生不了解研究论文的写作规则，无法甄别已发表的期刊论文的优劣，随便模仿一篇质量低劣的文章当作论文写作的模板。因此，我们有必要系统地介绍撰写社会科学研究报告所应遵循的规则，并从多个角度提供这些规则的实际应用示例，令新手透彻了解研究论文写作的优劣标准，在撰写报告时有章可循。

教育心理学研究表明，相比单纯的重复学习，测试学习可以更好地促进长时记忆效果。我们提倡通过练习促进学习效果，在书中介绍研究论文各个组成部分的写作规则和技巧的同时，提供大量翔实的正确范例和错误范例，进一步对写作规则的实际应用进行深入和形象的阐释，旨在引导读者主动思考规则的实际应用中需注意的问题，累积更实际的经验。

第1版《心理与教育论文写作：方法、规则与实践技巧》于2013年出版，其间有幸通过不同的机会了解到读者的反馈意见。这些反馈包括：(1) 书中提供了撰写研究论文的规则，如何将这些规则应用于自己的研究论文中？(2) 书中提供的正确范例和错误范例有助于理解规则的意义，能否提供更多的范例？(3) 书中所展示统计量及统计符号的示例内容，并不能看清楚统计量数字的格式规则。

在本次修订中，我们考虑了上述意见，做了以下改进。首先，在每一章内容之后，我们提供基于不同研究类型和领域的练习题目及参考答案，供读者自我核查对规则的理解和应用是否恰当，通过练习进一步了解和灵活运用这些规则。其次，在国内现有排版技术条件下，对字体、页码编排、符号标志等方面进行改进，以便读者辨认统计量报告的具体规则，更方便地辨识章节内容及不同类别的范例，等等。最后，对全书部分内容做了调整和纠正。

本书特色主要有以下方面。

- 时代性：基于国际上普遍认可的《美国心理学会出版手册》，同时参考流行的英文论文写作相关书籍撰写而成，以期成为内容新颖、具体、全面的指导手册。
- 翔实性：运用大量正反两方面的例子说明规则的实际应用，并于每章内容后附有大量练习供读者进行学习效果的核查，可操作性强。
- 实用性：为心理学、教育学及其他社会科学领域的学生、老师或科研人员，提供撰写论文的必备参考。

感谢读者的反馈，这些意见有助于我们提升和进步，从而继续对帮助学生及年轻研究者的论文写作尽力。

侯杰泰

2019年1月29日

前　言

不仅是教授、博士生和硕士生，现在连本科生也在做研究及专题研习。论文是展现研究过程及成果的重要载体。但是要将研究问题、相关背景及文献、研究方法、结果与讨论，系统、清楚、明白地告诉读者，看似简单，其实并不容易。在日常教学和审稿工作中，我也时常会遇到内容安排及规范欠佳的论文文稿。

国外有关心理学或教育学论文写作规范指导的书籍达百种以上，但国内这方面的书籍，尤其是兼有介绍撰写国际学术期刊文章规范内容的书籍并不多见，希望本书能填补这方面的空白。简单来说，本书的重点在报告什么，以及怎样报告。对于前者，我们希望指出一份研究报告应该在每个章节报告什么内容，以及不应该包括什么内容；对于后者，我们会列出大部分学术期刊及书籍的规范及要求。这些固定的内容及规范是基于学术界认同的惯例，其中很大一部分已经变成《美国心理学会出版手册》（*Publication Manual of the American Psychological Association*）的准则，影响了数以千计的国际学术期刊及书籍的出版规范。

本书内容包括四大部分。第一部分是引言，指出这些写作规范的重要性。第二部分针对论文的不同部分，逐一介绍了内容规范及常用实践技巧，并指出一些常见错误。因为图表制作、统计结果表达及文献引用涉及大量十分细微的规则(例如，引用两名作者与引用三名作者的文章，在列出他们名字时有何区别)，所以在第三部分我们对此进行了详尽解释。第四部分介绍了论文投稿的规范，包括排版（例如，在表达数据时何时使用阿拉伯数字、何时使用汉字）的规则、投稿及修改论文时要注意的事项，以及针对学术会议如何制作高质量的简报及海报等。

本书用大量正面和反面的例子说明规则的实际应用。蒙中国心理学会应允，本书采用学会期刊内文章的部分内容做正面例子，有关各研究的详细资料，读者则仍要参考原文。

本书可作为读者向心理学或其他社会科学期刊投稿的参照，书中的格式规范全部按照 APA 论文写作规范的要求呈现。

《美国心理学会出版手册》广泛适用于众多专业的学术写作，而本书则适用于心理学、教育学等社会科学学科教师及学生的研究论文写作。我们也希望借助本书对提高年轻学者及研究生的论文写作能力尽绵薄之力。

侯杰泰

2012年9月10日

目　　录

第一部分　引言

第二部分　撰写文章的各部分

第三部分　图表及参考文献

第一部分

引言

第一章

写作规范与艺术

关键问题

什么是 APA 格式?

论文写作为何需要循规蹈矩?

论文写作如何才能中规中矩又不乏新意?

学术论文必须使用专业术语吗?

论文主题和结构有多重要?

第一节 写作规范

1. 为何需要写作规范

“不以规矩，不能成方圆。”论文的写作也需要遵循一定的规范。这些约定俗成的规范，使学术信息的交流和传播有了统一的标准。不符合写作规范的论文是难以被发表的。

写作规范如同生产线上的工作程序和守则，大到论文的结构，小至数字的使用，行文的每一个细节都有详尽细致的规定。本书除了介绍这些规范外，也会介绍常用的实践策略，以期提高读者论文写作的水平，也增加研究成果被采纳发表的机会。

2. 权威标准

本书要介绍的写作规范是针对社会科学学术论文，而不是针对科普文章的。因为这两类文章的写作风格是截然不同的。尤其是在心理学、教育学等社会科学领域，学术论文的写作规范多遵循 American Psychological Association（APA，美国心理学会）格式或中国心理学会的《心理学论文写作规范》（第 2 版，2016）。APA 格式指的是美国心理学会颁布的《美国心理学会出版手册》（*Publication Manual of the American Psychological Association*，以下简称《出版手册》），它在 1929 年初版，当时是只有 7 页的规范参考，目前已出到第 6 版（2009），并成为广泛应用于社会科学（尤其是心理学、教育学）领域的写作规范。

在与中文行文规范没有重大冲突的前提下，本书内容尽量介绍并紧随《出版手册》（第 6 版）的规定；涉及中文特有的写作习惯，则以中国心理学会（2016：另见陈浩元编，1998；新闻出版总署科技发展司，新闻出版总署图书出版管理司，中国标准出版社编，2008）的建议为准则。下述各章节不再重复注明。

本书虽然主要采用心理学或教育学研究中的例子，但书中所介绍的普遍性规范及策略，适用于所有其他社会科学领域学科的论文写作。

第二节　写作艺术

1. 基于规范而创新

规范看似限制了研究者的写作自由，实际上在规范的限定范围内，作者仍有很大的创新空间。例如，拟订什么样的文题才能吸引读者的注意，摘要应该如何写才能增加论文的引用率，正文如何开头才能吸引读者的注意力，图表如何制作才能达意又美观，统计数字与文字表达如何搭配才能让读者更好地理解，讨论如何展开才可以提升论文的深度，应该选取并引用哪些对读者最有价值的参考文献，甚至文稿如何排版才能清楚地表达内容且给人留下深刻的第一印象。

上述问题并没有统一的答案，需要作者基于规范灵活掌握。如何处理这些问题，往往影响到论文最终能否被采纳发表。

写论文犹如讲故事，规范能帮助研究者把故事讲清楚，但怎样讲才能打动读者，还需要讲述者的创新及技巧。对于经验不足的研究者来说，即便他们的研究做得很漂亮，但如果写得很糟糕，也会像做菜肴用了上乘的食材，但却找来了技艺很差的厨师去烹饪一样，很难达到预期的效果。

2. 主题突出，条理清晰

每篇论文都有主题，主题的叙述需要作者有自己清楚的逻辑思路，这条思路相当于故事中的情节。如果情节混乱，就会令人感到云山雾罩，不知所云。因此，主题不清的论文就像电话号码簿，仅仅平铺直叙人名和数字，情节乏味，没有重点。

论文的主题贯穿论文的始终。在研究的初始阶段，研究者都要阅读大量文献。如果研究思路尚未清晰，就难以很好地消化这些文献资料，容易将其杂乱地堆砌在文献综述中；在研究报告的结果部分，如果缺乏清晰的思路，就无法把研究结果有逻辑地、系统地呈现出来。

文章的结构可以被看作房屋的栋梁，文字和段落可以被看作屋里的装饰。如果房屋的栋梁欠稳，屋里的装饰再好也没有用。

借助多层次的标题，能够令文章段落清楚，层次分明。这样，当读者在详细阅读文章之前，先浏览标题便能大致地了解你的研究。

3. 语言生动，富有吸引力

学术论文给人的印象是一些数字、图表和专业词汇，只有专业人士才能读懂；科学家在大众的眼里也是思维缜密、严肃审慎、不苟言笑的一个特殊群体。实际上这是一种错觉。一篇好的学术论文是可以写得既生动又不乏内涵且富有吸引力的，科学家中也不乏幽默风趣的人。

4. 语言简洁，详略得当

如何删减和组织编排内容，以突出主题及重点，十分重要。写论文不是写小说，无须刻意制造一波三折。小说是艺术，是供人欣赏的；学术论文是科学，是用于增进人们的知识的。小说讲的都是大家明白的故事，所以要用文学的语言表情达意，情节要跌宕起伏；学术论文讲的多是较深奥的科学道理，应尽可能用准确的语言把道理讲清楚，最重要的是表达准确和结构清楚。

论文写作的目的是把自己的思想清楚、准确地传达给读者，但并不是要讲研究过程中发生了哪些琐碎枝节的事情，感想如何。所以说，即便是讲故事，对于哪些细节是重要及需要报告的，仍有规定可循。

5. 按需采用专业术语

学术论文有时需要使用专业术语，这是因为仅仅借助生活用语，难以把问题表述清楚。一般来说，如果用生活化的语言同样能把问题说清楚，就没有必要一定使用深奥的、外行看不懂的专业术语。

有的人主张学术论文就应该用学术的语言，绝对不能使用文学化或生活化的语言，这种看法是值得商榷的。因为专业术语的界定虽然比较严密，但用得太多，就会妨碍读者对文章的理解。一篇学术论文除了本专业的研究同行阅读外，还会有相关专业的人士，甚至一些业余人士对它感兴趣，而这些人可能并不懂得你所使用的专业术语。因此，专业术语的使用应当基于行文的需要，如果必须使用专业术语，则需要在它们首次出现时，进行定义和解释。这样就可以使论文在更大范围内传播，惠及尽可能多的人。

刻意把简单的问题说得很复杂，满篇专业术语，装腔作势，板着面孔来说话，并不能提高文章的学术价值。

6. 用词准确达意

除专业术语外，学术论文的用词要力求准确达意。例如，要表达“研究的问题对人群有影响”，我们应该尽量表达具体受影响的人数或百分比，而尽量避免使用“对很多人有影响”或“……的人越来越多”等含糊的表达。

减少空泛的陈述，避免使用类似“许多年来，环境对智力的影响这一问题引起了众多心理学家的兴趣，围绕这一问题做了大量研究”这样的表述方式。

尽量表述得准确具体，而不要泛泛而谈，如要解释选题的时效性，应具体说明时间段，不要说“近些年来，关于……的兴趣日益增长”。读者可能会问：多长时间？谁的兴趣在增长？为什么说兴趣在增长？谁更感兴趣？是否这个题目已经不被人关注而仅是作者自己感兴趣？若有必要，使用一些较概括性的词句来描述一些研究题目，应恰当引述并提供相关文献，让有兴趣的读者参考，以便进一步地了解。

第二章

研究选题与研究价值

关键问题

研究难度超越自己的能力怎么办?

缺乏充足的文献怎么办?

研究目的在于重申变量关系吗?

研究目的在于修正前人的理论吗?

中等创新性研究是否较易发表?

如何利用相关期刊的文章?

文献检索和引文检索有什么区别?

第一节　寻找研究题目

1. 选题的基本标准

在选择研究题目时，应按照以下三个基本标准，对题目进行评价和选择。

首先，你是否对选题感兴趣。如果我们对自己的研究都没有兴趣，别人怎么会对我们的研究论文感兴趣呢？我们自然也不可能写出有意义的论文。因此，选一个自己感兴趣的题目非常重要。

其次，选题是否值得进行研究。仅仅对选题感兴趣是远远不够的，更重要的是要考虑选题是否具有研究的意义和价值。如果一个研究题目太容易，研究问题的答案显而易见，或者研究题目难以得出有意义的研究结果，或者并不能有助于人们加深对研究问题的认识，那么这个选题可能就不值得选取和投入时间实施研究。基于一个没有意义的选题，是不能写成一篇有分量的论文的。

最后，还要考虑选题的可行性。题目太难，超过自己的能力范围，或题目太大，靠一己之力在有限的时间内很难完成，又或者缺乏充足的文献，没有前人的研究做基础，都可能导致研究最终难以完成。

如何选择一个自己既感兴趣又切实可行的研究题目呢？除了考虑时间因素（例如，完成硕士、博士学位论文要2～5年，追踪性研究往往要多年）外，首先要批判性地阅读文献，在自己感兴趣的领域内，可以考虑：

- 把已有的理论限定在更具体（特殊性）的领域内，限定它的应用范围，这样做能够令理论的预测及解释能力更强。
- 从研究设计、统计方法、逻辑推论上寻找已有研究存在的问题，挑战甚至推翻已有的理论。
- 扩展已有的理论，甚至在已有理论的基础上，产生一个类似的理论。

2. 借助文献及引文检索

尤其是对于那些心目中并没有具体研究题目的学生，通过了解和借鉴前人的研究，有助于找到合适的选题。学生翻阅相关的期刊或近期发表的文章，特别是高水平的综述性论文，有助于他们选取一些感兴趣的文章及题目，再细读其内容，从而找出自己有兴趣并值得研究的课题。

这个挖掘和发现的过程是艰苦及富有挑战性的，需要学生主动付出劳动才能成功。而论文老师或导师只是在研究过程中给予学生启发和引导，而不能替代或主宰学生确定研究的题目及方法。

我们亦可区分两类检索相关文献的方法。在第一类一般文献检索（literature search）中，我们在相关数据库（例如，ERIC 和 PsyLit）中输入作者姓名、关键词、年份等，去找出相关文献。第二类方法引文检索（citation search）的功能有所不同，假设我们对某一篇经典研究有特别浓厚的兴趣，可用期刊索引内的引文检索功能。例如，针对2003年的某篇研究，我们可追寻自2003年到现在有哪些文章曾引用该文章，从而找出近年相关的研究，由此再设计后继的研究。一些数据库如《社会科学引文索引》（Social Sciences Citation Index, SSCI）或谷歌学术（Google Scholar）等有引文检索功能。文献检索与引文检索两种方法，目的并不相同，可相互补足。

第二节　研究的价值

无论是实证性还是理论性研究，它们是否有价值都在于是否能增进人们对这一领域的认识。不是所有学术文章都有同等贡献。Tulving 和 Madigan（1970；另见 Sternberg,

2003）分析了540篇已发表的有关学习与记忆的文献，根据是否增进了已有知识（contribution to knowledge）的标准，将文献进行分类。结果发现，约2/3的文章，除了可增加作者发表的文章数目外，只有极少数相关人士有兴趣；如果这些文章不发表，丝毫不影响该学科领域的发展。

第二类文章属于“一般”，约占总数的25%。这类文章对众所周知的题材做一些内容上的轻微变动，只是巩固现存理论，而对已有的认识并没有新的贡献，可能在不久之后就会被人们遗忘。

Tulving和Madigan（1970）认为，占绝大多数的前两类文章的弱点是，它们仅仅对已有知识做说明，得出的结论诸如（Sternberg, 2003; Tulving & Madigan, 1970）：

- 重申变量 *X* 与变量 *Y* 有点关系。
- 研究结果与某理论不完全一致。
- 研究结果表明需要对某理论进行修正（但并未说如何修正）。
- 作用机制非常复杂，目前还无法弄清楚。
- 研究表明还需要对该问题进行更深入的研究。
- 研究表明该方法对某类研究是适用的。
- 虽然研究结果未能支持假设，但本研究并非充分确切的检验。

第三类的文章是“有价值”的文章，这类文章为数不多，仅占不足10%，但是它们对该领域有创新性的贡献，能澄清已有的问题，开辟新的研究领域，引起人们对未知领域的强烈的研究兴趣，所以能够从其他文章中脱颖而出，成为耀眼的“宝石”。

从这里我们可以看出，已经发表的论文并不全都是有很高的创新水平、带来新发现和增进人们已有认识的。在中外的教育学、心理学及其他社会科学学术期刊论文中，真正具有高创新水平的论文为数不多，大多数文章是Tulving和Madigan（1970）所说的前两类，研究报告多为局部创新，理论综述多为重述、总结而鲜有进一步创新。但这些论文的发表还是有它们的少许价值的，它们既为金字塔奠定基础，也将研究进展和重要文献介绍给不同领域的读者。

第三节 实践策略

没有创新的论文被发表的可能性很小，反过来，我们能否说，创新程度越高的文章被发表的可能性就越大呢？这不一定。创新程度越高，有可能偏离主流的想法越远，尤其是当作者并非学科领域内的权威时，要编辑或审稿人接受这些创新观点，就要多费工夫。

一般来说，中等程度创新的论文被发表的机会可能性较大，这也部分解释了为什么在已发表的文章中多数文章创新程度不高。当然，不能因此认为我们应集中于中等程度创新的研究。从学术的角度来看，我们仍然应该尽量争取进行最大创新度的研究。

第二部分

撰写文章的各部分

第三章

文章的架构

关键问题

文章的下述各部分如何排序？

- 研究方法
- 参考文献
- 引言
- 讨论
- 结果
- 文献综述
- 结论
- 摘要

第一节　研究报告和理论综述

社会科学学术论文可以简单地分为两大类：研究报告和理论综述。研究报告基于实证性研究，其特点是用数据及观察来说话，通过实验、调查、访谈等手段研究问题。理论综述类论文则是在多个实证性研究的基础上，采用逻辑推断或理论分析的手段来研究问题。不过，在某些情况下，这两类文章的分界线并不清晰。

本书对撰写这两类文章均适用。尤其是对实证性研究，我们将详细阐述撰写研究方法、报告结果等的要求与实践策略。

第二节　不同类型文章的组成部分

《出版手册》对下述五类文章的组成部分提出了建议。

- 实证研究报告：文献综述（含引言）、方法、结果及讨论。
- 综述：界定及厘清问题，总结文献，找出文献中的关系，分析结论的异同，建议解决问题的方法。
- 理论性文章：与综述文体相近。
- 方法论文章：介绍或推论新研究方法，内容可能包括数学推论、例子及与传统方法的比较等。
- 个案研究：用个案展示问题或带出相关的学理研究，其组成部分视个案种类而有所不同。

第三节　实证研究：四大支柱，两个附件

如上文所述，实证研究报告的正文一般包括四个主要部分，即文献综述（含引言）、方法、结果、讨论（含结论），以及两个附件：摘要和参考文献，分别放在正文之前及之后。因此，也有人把这种结构的规定称为现代“科技八股文”。它的优点是，每一部分包含的内容都是相对固定的，所以给论文写作和阅读带来了便利。

研究报告的结构与研究工作的开展在逻辑上是一致的。研究目的是要解决某个科学问题，所以，先是提出什么问题（前人做了什么），然后是如何解决问题（方法—结果），最后是解决得怎么样（讨论和结论）。这也可以说成是四个“什么”（问题是什么，做了什么，发现了什么，意味着什么）。

研究报告的正文就像一块三明治，两头是文献综述及讨论，中间夹着“方法和结果”。文献综述（含引言）和讨论可以分别看作两类综述，是对本研究之前的研究文献的总结，讨论是对日后研究的综述。

第四章

文　题

关键问题

文题可否用缩写？

文题的最长字数是多少？

文题如何反映研究的内容？

是否应该在文题中罗列所有的研究变量？

为什么文题一般删去“研究”一词？

文题是否可用标点符号？

文题应否包含结论？

如何用副标题？

第一节　文题的作用

文题（title）也称题目、标题。文题的拟定，总的来说，应力求准确达意、简洁规范并引人注目。

“题好一半文。”文题如眼，读者在翻阅学术期刊时，首先要浏览论文目录。在一篇论文中，文题也是读者最先接触和留意的部分。好的文题能够一下子吸引读者的注意，那么接下来很可能就是阅读论文的摘要和正文。在检索数据库时，人们也往往首先关注文题和摘要。如果文题具有吸引力，读者就可能会查找原文来阅读。写文章的目的是让人看的，如果发表的文章没有人阅读，那么文章就得不到传播，也就无法发挥它应有的作用。因此，给论文拟一个好的题目，直接影响到读者对论文的第一印象，最能够提高论文被阅读的机会。

第二节　撰写文题的规则

1. 准确达意，包含研究变量

文题本身应尽量准确并完整地反映论文内容，令读者在阅读摘要及正文之前，已可大致了解论文内容。

文题是文章索引的主要部分，如果研究的变量不多，可以在文题中罗列所有变量，令检索数据库的使用者能容易检索到这篇文章。例如，

汉字频率和构词数对非汉字圈学生汉字学习的影响

[江新. *心理学报*，2006，*38*，489－496.] [变量：频率、构词数和汉字学习]

个体认知方式与材料复杂性对视空间工作记忆的影响

[李寿欣，周颖萍. *心理学报*，2006，*38*，523－531.] [变量：认知方式、材料复杂性和工作记忆]

如果研究的变量较多，文题中只需指明主要变量的类型及名称。例如，

拼音学习对幼儿语音意识发展的影响

[任萍，徐芬，张瑞平. *心理学报*，2006，*38*，41－46.] [这里的“幼儿语音意识”，包括汉语语音意识和英语语音意识，分为音节意识、首音意识、押韵意识、末音意识。如果列尽所有变量，文题就会过长。]

人格维度与注意分配的关系及其选拔意义

[黄常新，张其吉. *心理学报*，1993，*25*，38－44.] [人格包含多个维度]

2. 简洁规范，避免赘语

文题使用规范用词，便于读者检索。同时，尽量避免使用诸如“研究”“实验研究”“综述”等赘语，而这样的删减并不影响信息的传达，因为每个期刊对论文的发表范围都有界定，如果大多数论文是研究报告，则没有必要在文题的后面缀上“研究”的字样。即使是综合性的期刊，也会有栏目把研究报告和综述性论文分类。如下述文题，因为字数有限，应删去赘语“研究”：

父母管教模式与儿童道德发展研究 [错误范例]

中国人前瞻记忆的年龄差异研究［错误范例］

同理，如果一个期刊专门刊登综述性的文章，也没有必要在文题后面缀上“综述”之类的字样。例如，

自我概念多维度结构研究综述［错误范例］

可考虑改为：

自我概念的多维度结构

同理，“方法”“结果”等过于宽泛的词一般也不在文题中出现。但有些时候，为充分反映研究的特色或重点，我们仍然容许“研究”一词用于文题。例如，

超常儿童心理发展追踪研究五年
［查子秀．*心理学报*，1986，*18*，123－131.］

3. 谨慎使用“影响”“作用”“效应”等因果描述

在研究方法上，要证明因果关系并不是一件易事。在文题中用“影响”和“效应”一词时要谨慎。严格来说，只有在使用实验法、准实验法或其他能证明因果关系的研究设计时，才能用上述因果的描述。不过在问卷调查类的横向（cross-sectional）研究中，在能排除大部分其他解释的情况下，亦有学者用“影响”等因果关系词去描述变量的关系。

4. 不能使用未约定俗成的字母缩写

在论文发表后，并不仅是该专业的人阅读，还有其他相关专业，甚至感兴趣的不同专业人士阅读。即使是相同专业但研究方向不同的人，也不一定懂得所有研究方向的字母缩写。因此，不要在文题中使用多数人不熟悉的字母缩写。不过，一些专门学科期刊可能会接纳该专业领域熟悉的缩写放在文题中。

下述文题的缩写是较少人熟悉的，一般来说，不宜采用这类文题：

NEO-PI-R 在澳门学童中的信效度［错误范例］

小型工商企业主管在观点产生中 FTF 和 CM 之比较［错误范例］

下列几个文题的缩写是较多人可以接纳的：

我国民众对 SARS 信息的风险认知及心理行为

［时勘，范红霞，贾建民，李文东，宋照礼，高晶，……胡卫鹏．*心理学报*，2003，*35*，546－554.］

ERP反映感数与计数的不同脑机制

［罗跃嘉，南云，李红．*心理学报*，2004，*36*，434－441.］

有偿献血HIV感染者的情绪障碍

［王建平，蔺秀云，吴昊，屈文妍．*心理学报*，2005，*37*，106－112.］

语义知识神经表征的fMRI研究：通道特异性或类别性异性？

［金花，刘鹤龄，杨娅玲，莫雷．*心理学报*，2005，*37*，159－166.］

5. 一般不宜超过20个汉字

文题要求简明扼要，所以文题不宜太长，否则就不利于读者的检索，增加读者的阅读负担。虽然现在有些数据库对文题的字数限制有所放宽，但还是应该尽量简明，就中文文题来讲，一般不要超过20个汉字，至多不超过25个汉字。美国心理学会建议英文文题不多于12个单词。

6. 有需要时可包含标点符号

文题中可含有引号、冒号、破折号等标点符号，有需要可用问号，但文题末不放句号。

7. 文题下应列出作者姓名及机构名称

文题下一般列出作者姓名及所属机构。中国人名的拼写应遵循《中国人名汉语拼音字母拼写规则》（GB/T 28039－2011），在外文期刊及中文期刊的英文相关部分，书写规则如下：一般来说，汉语人名的姓和名分开写，姓在前，名在后，二者以空格分开，姓和名的第一个字母应大写，如Chen Dawen（陈大文）。对于复姓的人名，复姓应连写，如Ouyang Cheng（欧阳诚）。尤其是当用外文发表时，所用英文姓名的拼音及写法，在所有文章中应保持一致，否则出自同一作者的不同文章，可能在索引中被误归属为不同作者。同时，应删去所有称谓（例如，Dr.、professor等）。

在所属机构一栏内，应只列出进行研究时的所属机构，一般最多两所。若现任所属机构有变，应在“作者注”中再做说明。不属任何机构者，列出城市及省（州）名称。所属机构的英文名称须采用正规、统一的名称全称。在心理学期刊中，作者姓名次序应以对研究贡献多寡来决定，最重要的作者放于最前面。不过，在其他学术领域，决定排行次序的方法并不一致。

8. 提供作者注

美国心理学会建议作者注应包含四段内容，每段内容以句号结束：第一段为各作者在研究时所属院校的详细资料；若院校有所改动，可在第二段中列出。第三段可鸣谢资助研究计划的基金或个别人士，若某审稿人提供过独特的解释或宝贵意见，应在正文相关位置鸣谢，不再在这里鸣谢。在这一段中我们可以对某些对研究提供过协助（如搜集数据）的人士或单位提出鸣谢。若研究与过往已发表的某大型研究有关，有其他个人利益冲突，或不能代表作者机构的立场，也可在此一并申明。第四段提供通信作者的地址与电邮，尾段取消句号（以避免被误认为电邮地址内的点号）。

第三节　撰写文题的常用实践技巧

1. 打破常规，巧妙创新

好的论文文题既要不落俗套，又要能确切地反映论文的重要信息。如一些期刊中的经典论文，其文题令人过目难忘：

The magical number seven, plus or minus two: Some limits on our capacity for processing information

[Miller, G. A. *Psychological Review*, 1956, *63*, 81−97.]

The earth is round ($p < .05$)

[Cohen, J. *American Psychologist*, 1994, *49*, 997−1003.]

恰当运用比喻、夸张、反诘等修辞手法，有助于文题生动醒目；但要保证文题内容贴切，避免弄巧成拙，不要为追求与众不同而使用并不能反映研究内容的文题。如将论文的文题拟为“诚实，还是伪装?”，容易令读者产生疑惑：这篇文章是关于测谎仪的研究，还是说谎行为的研究?

文题可以是开放式的疑问句，用于激发读者的好奇心，但要小心使用，确保没有歪曲文章的主题。例如，

词素效应到底是什么？——来自维吾尔语的证据

[玛依拉 · 亚克甫，周晓林. *心理学报*，2004，*36*，515−524.]

什么是“中国人”的个性？——《中国人个性测量表CPAI-2》的分组差异

[张妙清，张树辉，张建新．*心理学报*，2004，*36*，491－499.]

随机棋局存在专家记忆优势效应吗？

[杜建政，杨治良．*心理学报*，2002，*34*，254－258.]

2. 可以用文题提出理论观点

作者提出新的理论，并用它做文题，一目了然。例如，

知道感与不知道感：一个关于元记忆判断的双过程假设

[罗劲．*心理学报*，2006，*38*，145－156.]

如果研究和某个理论或模型关系密切，要在文题中显示该理论或模型。例如，

虚拟团队共享心理模型与团队效能的关系

[金杨华，王重鸣，杨正宇．*心理学报*，2006，*38*，288－296.]

儒家式应对思想及其对心理健康的影响

[景怀斌．*心理学报*，2006，*38*，126－134.]

3. 有需要时文题亦可包含结论

有些学者会担心，如果将结论写在文题内，可能令读者过早知道研究结论，降低论文的悬疑性及吸引力，这并非全无道理。不过，对于一些颇具争议的研究，在文题内包含结论及观点，也同样可以吸引读者去细读全文，以了解为何研究能有这个结论。例如，

学习动机的文化差异：东方学童更重视竞争与相互比较

4. 反映研究对象的特殊性

如果研究对象所涉及的某个人群能够吸引读者的兴趣和关注，则应考虑在文题中表明。例如，

工作特征对农村中学教师职业倦怠的影响

[甘怡群，王晓春，张轶文，张莹．*心理学报*，2006，*38*，92－98.]

学习不良儿童对情绪表达规则的认知特点

[俞国良，侯瑞鹤，罗晓路．*心理学报*，2006，*38*，85－91.]

聋童执行功能发展：聋童与正常儿童的比较

［李一员，吴睿明，胡兴旺，李红，P. D. Zelazo. *心理学报*，2006，*38*，356－364.］

语调在6～10岁儿童对不同类型反语认知中的作用

［张萌，张积家. *心理学报*，2006，*38*，197－206.］

5. 可使用副标题

如果要突出研究的重点、目的或研究方法，也可以使用副标题。例如，

中国单亲儿童的婚姻观：城乡及性别差异

内隐记忆和外显记忆的脑机制分离：面孔再认的ERP研究

［孟迎芳，郭春彦. *心理学报*，2006，*38*，15－21.］

儿童的同伴交往与孤独感：一项两年纵向研究

［周宗奎，赵冬梅，孙晓军，定险峰. *心理学报*，2006，*38*，743－750.］

借助副标题，可以更确切和具体地传达论文的研究内容。上文提及，假如简单地将文题拟为“诚实，还是伪装？”，就难以令读者明白论文的确切研究内容。这时，可以借助副标题来进一步说明和限定，让读者更明确地知道文章内容，如“诚实，还是伪装？——测谎仪在公务员招聘中的使用”。

课后练习及解析

练习

以下文题哪些恰当，哪些不恰当？

（i）20～30岁各年龄层合作学习功效研究

（ii）超常儿童的发展：农村实验班追踪研究

（iii）STZ鼠在2～20mM血糖水平下的行为影响

（iv）运用职业自我选择测验（SDS）及MBTI人格类型量表分析它们对大学专业发展的影响

（v）证明4～6岁是儿童发展空间认知的最佳时机研究

解析

（i）不恰当。应省去“研究”。（见：第二节　2. 简洁规范，避免赘语）

（ii）恰当。“追踪研究”为一名词。（见：第二节　2. 简洁规范，避免赘语）

（iii）不恰当。“STZ”不是常用缩写。（见：第二节　4. 不能使用未约定俗成的

字母缩写）

（iv）不恰当。"影响"一词不当，文题太长。（见：第二节　3. 谨慎使用"影响""作用""效应"等因果描述；5. 一般不宜超过20个汉字）。

（v）不恰当。只有结论而未点明研究，"证明"一词也要极小心运用。（见：第三节　3. 有需要时文题亦可包含结论）

第五章
摘　　要

关键问题

摘要中应该说什么？不应该包含什么内容？

摘要如何独立成篇？

摘要是否需要重复文题？

摘要中可否节录论文的“引子”或“结语”？

摘要中如何表达数目？

英文摘要各部分应该用什么时态？

第一节　摘要的内容

1. 摘要的作用

在论文的正文之前，一般都有摘要，其作用是通过介绍论文的内容梗概，令读者尽快了解论文的主要内容，吸引读者进一步阅读全文或论文的某个部分。同时，摘要也便于论文被收录至数据库后的索引和检索。

论文摘要的写作质量直接影响论文被浏览和被引用的频次。

2. 实证研究的摘要

实证研究的摘要内容需包括问题、方法、结果和结论。

摘要中要提及研究假设、研究目的或研究问题。如果研究是以某个理论为基础的，应在摘要中提及该理论的名称。

研究报告的摘要应有对研究方法的描述，如变量的测量方式、实验条件等，这有利于读者决定是否进一步阅读全文。

研究结果是在研究条件限定下得出的具体结果，甚至包括统计结果。研究结论是在研究结果基础上的进一步推论，比研究结果更有概括性，适用的范围更广。

医学论文通常要在摘要中明确标示问题、方法、结果、结论，俗称结构性摘要。心理学与其他学科论文不一定有这种四个要素分段撰写的要求。因为它们的摘要通常甚短，字数所限不足以写成多段，所以多要求摘要不做分段。我们应依据投寄期刊的指示而撰写。

摘要

采用知识状态推理和冲突愿望推理任务，考察儿童对知识状态和愿望状态推理的偏差。被试为108名3~5岁的儿童。结果表明，在知识状态推理任务中，儿童对别人知识状态的推理会受到自己知识状态的影响，表现出自我中心的特点；而在冲突愿望推理任务中，与自己喜欢的情况相比，较小年龄的儿童在自己不喜欢的条件下，更容易正确推理别人的愿望，表现出不对称性。因此儿童在对心理状态进行推理时具体表现出什么样的特点具有情境依赖性。

[傅莉，苏彦捷．(2006)．儿童心理状态推理中的观点偏差．*心理学报*，*38*，349－355.]

摘要

利用标准Dimensional Change Card Sort（DCCS）任务，对76名智力正常的3~8岁聋童和78名3~5.5岁的正常儿童进行了对比测试，旨在考察聋童执行功能发展的年龄特征与发展水平。结果发现，3岁组的聋童和正常儿童在DCCS任务上的表现没有显著性差异，但正常儿童在4~4.5岁时进入一个迅速发展期，而聋童要在6岁时才有快速的发展，到7岁后才相当于正常儿童5岁的发展水平，大约滞后两年。研究认为，聋童执行功能发展滞后的原因主要有：(1) 语言符号系统和聋童特有的符号系统之间可能存在差异；(2) 聋童可能存在计划和灵活性的缺陷；(3) 聋童可能存在命名和标识策略上的困难和注意机制的缺陷。结合关于聋童心理理论发展滞后于正常儿童7年以上的报道，心理理论发展和执行功能发展在聋童身上表现出较大的不一致性。

[李一员，吴睿明，胡兴旺，李红，P. D. Zelazo.（2006）. 聋童执行功能发展：聋童与正常儿童的比较．*心理学报*，*38*，356－364.]

摘要

通过两个实验对在中文语篇理解中相关背景信息的激活与整合，到底是即时发生还是延时进行这一问题进行了探讨。研究所用的阅读材料都包含一个目标句，它与局部语境一致，但与前文提供的背景信息冲突或无关。实验一采用自定步速逐行阅读技术，考察了一致性条件以及句子结束的标记（即句号）是否存在对目标句阅读时间的影响。结果发现，句子结束的标记是否存在并不影响目标句整合加工的进行。实验二运用眼动追踪技术，着重探讨信息整合加工能否在目标句关键区中即时进行，实验条件仍为当前信息与背景信息的一致性，重点考察其对目标句中关键前区、关键区及关键后区的作用。结果表明，自变量的操纵导致关键区中反映初次加工的指标产生可靠的效应。这一结果表明，在中文语篇理解中，整合加工的过程开始得非常迅速，是即时引发而非延时进行的。

[王穗苹，陈烜之，杨锦绵，吴岩，王瑞明．(2006)．阅读中文时信息整合的即时性．*心理学报*，*38*，645－653.]

3. 研究综述的摘要

研究综述的摘要需包括目的、综述/进展和结论。

一篇综述或者理论性论文的摘要，应首先指出论文的主题或目的；然后写出全文的逻辑结构，如研究的进展或对立的观点；最后也应有结论，说明论文要提出什么问题或未来应该如何解决。

摘要

文章主要介绍了双语言语产生中词汇提取机制的两种理论：非特定语言提取的理论和特定语言提取的理论。重点围绕着双语言语产生中词汇提取的一个关键问题，即非目标语言的词汇是否对目标语言的词汇提取形成竞争或者干扰，详细地论述了二者的理论分歧，非特定语言提取的理论认为，非目标语言的词汇会对目标语言的词汇提取形成竞争，而特定语言提取的理论认为不会形成竞争。文章最后介绍了双语言语产生中词汇提取机制的最新研究趋势，表明了非特定语言提取的理论和特定语言提取的理论逐步走向融合。

[李利，莫雷，王瑞明，潘敬儿．(2006)．双语言语产生中的词汇提取机制．*心理科学进展*，*14*，648－653.]

摘要

积极心理学强调心理学不仅要研究人或社会所存在的问题，同时还要研究人的积极力量和积极品质。积极心理学运动并不是对传统以问题为核心的病理性心理学的取代而只是一种补充。由于积极心理学运动兴起的时间较短，因而在其发展过程中还存在一些问题，这些问题主要包括表现出一定的话语霸权、研究对象不够全面、缺少有说服力的纵向研究以及与早期心理学的一些相关研究存在一定的脱节。

[任俊，叶浩生．(2006)．当代积极心理学运动存在的几个问题．*心理科学进展*，*14*，787－794.]

摘要

采用文献检索法，对12份重要的国际期刊1988—2004年的文章进行检索，最终从其中的8份期刊中检索到33篇体育运动心理学跨文化研究的文献，在此基础上尝试从研究的方法论及研究的内容两方面来述评当代体育运动心理学跨文化研究的发展情况。方法论方面的述评主要包括数据收集方法、“文化”代表物、被试等值性以及概念等值性四个方面的内容；研究内容方面的述评主要包括运动成就动机、教练-运动员关系、生涯转折以及心理品质/心理技能四个方面的内容。文章最后对未来的研究提出了“建立指导研究的理论构架”“发展指导研究的方法论模型”“注重研究的实践应用价值”三点建议，并尝试提出三阶段理论构架和四阶段方法论模型，分别作为指导未来研究的理论构架和方法论模型。

[姒刚彦，李庆珠，刘皓.(2006). 当代体育运动心理学跨文化研究述评. *心理学报*，*38*，468-474.]

第二节　撰写摘要的规则

1. 独立成篇

摘要应具独立性，即独立成篇。好的摘要完整且具体，令读者对论文一目了然。有很多数据库只收录论文摘要，不收录全文，所以摘要应基本上反映文章的最必要的内容，包含研究的所有重要研究变量，以方便他人用做检索。

2. 不应重复文题中的信息

一般文献索引数据库都收录了文章的文题和摘要，而且论文中文题和摘要的位置通常都很靠近，所以没有必要再重复文题中已有的信息。例如，一篇文章的文题是：

婴儿问题解决行为的特点与发展

[董奇，陶沙，张华，刘玉新，李蓓蕾. *心理学报*，2002，*34*，61-66.]

在摘要的开头，就不应重复写“我们对婴儿问题解决行为的特点与发展进行了研究”。

3. 不能增加新的内容

摘要不是对正文的补充。摘要应与全文内容保持一致，不应脱离全文而做补充。如果作者意犹未尽，应该修改正文，而非在摘要中提出新的内容或观点。

4. 数字尽量用阿拉伯数字

摘要受字数所限制，需尽量浓缩，因此摘要中的数字都应该尽量使用阿拉伯数字。

不过，在英文摘要中，句首不用阿拉伯数字。数字位于句首的句子应考虑重新组织。例如，句首“140 children participated...”应改为“In the pre-test, 140 children...”。若一定要以数字作为首句，则用文字替代阿拉伯数字，如“One hundred and forty children participated...”。

5. 字数适度

英文摘要一般由 150 ~ 250 个单词组成，具体应参考及依据投寄目标期刊的要求。

6. 恰当使用缩略语

在撰写英文摘要时，为节省篇幅，应充分使用惯常的简化词语或缩略语（例如，使用“vs.”代替“versus”）。

对某些字数较多，且在正文叙述中要反复用到的术语，为了方便，可使用这个词的缩略语。但如果摘要中这种烦琐的术语也就只是出现一两次，就没有必要用缩略语。

摘要

病理性使用互联网（pathological internet use, PIU）是人在互联网使用过程中出现的一种新型心理疾病。很多研究者认为互联网使用过度或不当是造成 PIU 的主要原因。该文对 PIU 已有研究的概念的界定与测量问题进行了分析与整合，讨论了在中国社会文化背景下如何界定与测量 PIU。

［雷雳，李宏利．(2003)．病理性使用互联网的界定与测量．*心理科学进展*，*11*，73－77.］

7. 解释特殊术语

有需要在论文摘要及正文里使用的缩写或特殊术语，在摘要及正文中第一次使用时，也要分别进行说明，对缩写要提供全称，对特殊术语（例如，下文中的“诚信领导”）要给出解释。

摘要

诚信领导是一个全新的领导学构念，指的是一种把领导者的积极心理能力与高度发展的组织情境结合起来发挥作用的过程。本文首先分别介绍了诚信领导的概念、特点及测量方法，并比较了诚信领导与其他类型领导的联系和区别；接下来进一步分析了诚信领导在组织中的功效；最后指出该理论尽管强调了一些诸如情绪过程、领导者道德等以往领导理论所忽视的方面，但诚信领导的测量工具、诚信领导与组织结果之间的调节因素等问题仍有待于实证研究的进一步探讨。

[詹延遵，凌文辁，方俐洛.(2006). 领导学研究的新发展：诚信领导理论. *心理科学进展*, *14*, 710-715.]

第三节　撰写摘要的常用实践技巧

1. 应能提供实质性信息

摘要是对正文的高度浓缩，不要在有限的篇幅内讲一些太概括、一般及空泛的话语。例如，

……是当前心理学研究的热点问题，日益受到人们的关注。[错误范例]

研究者对……进行了大量的研究。[错误范例]

本文对以往的研究进行了总结，提出了目前研究中存在的问题，并对未来研究进行了展望，提出了进一步研究的建议。[错误范例]

国内在这方面的研究相对缺乏，应加速相关研究。[错误范例]

……有待进一步研究。[错误范例]

下面是典型的过于概括性的摘要：

> **摘要**
>
> 为了解在特殊教育领域中智障学童所面对的种种适应困难，本文综述文献，回顾国内外学者这方面的研究，并在此基础上提出了未来的研究方向和前景展望。[错误范例]

2. 不能节录论文的“引子”或“结语”

摘要是对全文的概括，并不是正文的组成部分。不能为了省事，直接把文章开篇的介绍性段落或最后的总结性段落稍加修改成为摘要，这会令读者感到重复及沉闷，亦不符合摘要应独立成篇的要求。

3. 删减常识性内容

摘要字数有限，而一篇论文可以写入摘要的内容却很多，为了节省篇幅，教科书中已有的术语、观点、解释等较常识化的内容，无须详尽地写在摘要中。

4. 避免自夸或自我评论

非评价性是摘要的一个特点，要避免评价自己的研究。因为研究方法是否得当、结论是否有意义，不是作者说了算，而是由读者来评价的，所以一般不应对研究内容做评论，尤其要避免自夸：

> 开了先河［错误范例］

> 填补了空白［错误范例］

> 有极重要的意义［错误范例］

5. 关键词的选取要准确

为方便检索，很多期刊要求作者提供3～8个关键词，中国的《作者编辑常用标准及规范》（新闻出版总署科技发展司，新闻出版总署图书出版管理司，中国标准出版社编，2008）对此亦有同样的要求。

关键词一般是从其文题中选出，以能反映论文主要的概念及内容为主。亦可以考虑从研究方法（如追踪研究）、变量名称或特殊的参与者（如智障学童）等方面选取。关键词要具有专指性，不能泛指，避免选用一些外延较广的词，如“方法”、“综述”（但“元分析”却是常用的关键词）、“实验”、“心理学”、“作用”等。选用恰当的关键词能增加文章被检索及引用的机会。

6. 英文摘要应注意时态

若文章含中英文摘要，英文摘要一般是根据中文摘要转译而成，内容要求基本与中文摘要相同。不过，为了让不懂中文的外国读者了解中文研究报告的内容，一些期刊（如《心理学报》）要求作者提供一个较中文摘要更长的英文摘要，投稿时应详细了解期刊的要求。

美国心理学会建议在报告研究步骤及所观察的结果时用过去时态，但在讨论中谈论一些由研究中所得、现在仍适用的结果时，应用现在时。例如，

Our experiment clearly demonstrates that girls react more strongly than boys in front of other people.

过去，期刊要求作者用第三人称、被动语态撰写报告。近期美国心理学会建议作者尽量使用主动语态及动词，而不要使用动名词。这样内容会更直接、简洁和易于理解。

7. 修改英文摘要

部分中文期刊要求作者提供英文摘要；对中国人来说，因为英语不是母语，要写出地道的英文摘要非常困难，所以，英文摘要写好后，最好请专业人士或职业的翻译机构帮助检查修改。低级的拼写或语法错误则可以预先借助软件来避免。

课后练习及解析

练习1

文题：儿童学习英语词汇能力与年龄的关系

摘要：本研究探讨儿童学习英语词汇能力与年龄的关系，并假设较年长的儿童与年龄较小的儿童在掌握词汇方面在统计上没有显著差异。实验材料是6组由5至15个英文字母组成的单词，参与测试的儿童默记30分钟后默写，共300名7至12岁小学

生参与。结果表明儿童掌握词汇能力与年龄并无显著关系，本研究远远超越过往相关理论及研究，成为往后研究的典范。

针对上述材料，以下说法哪些恰当，哪些不恰当？

（i）摘要与文题有相当重复，合宜。

（ii）详细的虚无假设无须列于摘要。

（iii）摘要有自我评价性语句，合宜。

解析

（i）不恰当。文题与“本研究探讨儿童学习英语词汇能力与年龄的关系”重复。（见：第二节　2. 不应重复文题中的信息）

（ii）恰当。摘要只需包括问题、方法、结果、结论。（见：第一节　2. 实证研究的摘要）

（iii）不恰当。“本研究远远超越过往相关理论及研究，成为往后研究的典范”为评价，不合宜。（见：第三节　4. 避免自夸或自我评论）

练习 2

文题：心理与活动理论问题的实践观探讨

摘要：针对心理学论述中主体、客体和实践三者的联系构成人们活动的特殊矛盾，作者综述人的现实活动中，心理和意识活动（MCA）最为活跃。作者以列昂捷夫（Leont'ev, *Developmental Psychology*, 1975, *33*, 16–32）提出的活动、意识和个性理论［activity, consciousness, and personality (ACP) theories］为基础进行探讨。

Title: Theoretical approach between mental and actual activities

Abstract: The author sought to unite the mental and conscious activities (MCA) which act most actively in actual activities. Referencing to Leont'ev's activity, consciousness, and personality theories (*Developmental Psychology*, 1975, *33*, 16–32), the paper explored human activities.

针对上述材料，以下说法哪些恰当，哪些不恰当？

（i）英文摘要使用了被动时态撰写（the author sought to.../the paper explored...），不用第一人称（I, We），合宜。

（ii）引用文献方式合理。

（iii）术语“心理和意识活动”（mental and conscious activities, MCA）使用全称，合宜。

（iv）摘要欠缺结论，应加上“结论”。

解析

（i）不恰当。应尽量用第一人称（I, We）。（见：第三节　6. 英文摘要应注意时态）

（ii）不恰当。根据第6版《出版手册》，采用一般引用文献方式，即只需呈现“(Leont'ev, 1975)”便可。

（iii）恰当。术语“心理和意识活动”（mental and conscious activities, MCA）虽然比较烦琐，但在摘要中只用一次且属于不大知名的术语，因此没有必要亦不应用缩略语。(见：第二节　6. 恰当使用缩略语)

（iv）恰当。摘要中应有“结论”。(见：第一节　3. 研究综述的摘要)

第六章

引　言

关键问题

引言应该包括什么内容？

如何撰写引言的首段？

如何在引言中证明研究的价值？

如何在引言中说明研究的重要性、非常识性及可研究性？

如何使引言引起读者的兴趣？

能否在文章开头就给出结论？

第一节　引言的内容

1. 区分引言及文献综述

在《出版手册》中，引言（introduction）是指放在研究方法前，包括文献综述的内容。在本书中，我们将引言及文献综述分为两部分，前者主要概括介绍整个研究，后者对相关文献做综述。这种区分两部分的处理，较接近一般论文的撰写方法。学术期刊文章，则经常将这两部分合并。

2. 引言的作用

研究报告的“引言”，有时也叫“问题提出”，是论文正文的“开场白”。当读者未阅读全文时，首先读到的是这一部分。能否写得引人入胜，将影响到全文给人的第一印象。

引言部分旨在用两三段的内容，来简单概括地介绍本研究的来龙去脉，即研究的背景，为什么要进行本研究，要说明什么问题，以及研究价值和意义等。这部分并没有统一的写作格式，有很大的灵活性和创造空间。

第二节　撰写引言的规则

1. 写好首段

很多文章会特地用前一两个段落来吸引读者的注意，并简单介绍研究的理论背景和历史背景。

想象自己是要给一个外行人介绍，或在公共场合进行一次演讲，该如何吸引读者或听众。其中一个方法是，研究者提出一个与本研究有关且能够令人思考、引人关注的问题，使读者成为你研究的参与者，吸引他继续读下去，以检验自己的想法与研究的结果是否一致。

在引言中，除了介绍本研究的价值外，亦可用简短的篇幅指出本研究与前人研究的关系、本研究的理论依据、有何假设，以及可能对理论及实践带来的启示。这些内容在其后的文献综述中，将再详细展开阐述。

此外，很多文章也在这里用一两句话概括地介绍本研究是如何具体地探讨问题的。例如，

本研究透过追踪、观察及分析 30 名幼童在 1 ~ 3 岁时的语言发展，去了解……

在本研究中，200 名小学二年级学童被随机分派参与四种训练，以了解……

2. 导引出文献综述和研究问题

在引言中我们尚未展开文献综述，所以只引入最关键的文献，目的在于引出研究问题。引言一般包含三个基本的部分：首先需引入要研究的问题，以引起读者的兴趣；其次再概括相关研究的状况；最后再简单地由过去的研究转入现在的研究，包括做该研究的原因、研究的假设等。

虽然基本部分有三个，但具体到某一个研究，在写法上又有所不同。如果要推翻以前的研究，就要采用辩论的（argumentative）语气，指出以前研究的缺陷或局限。如果只是对以前研究做进一步的深入，那么只需要把以前的研究讲清楚即可。如果是要研究一个不被人关注的领域，则要通过与其他领域的比较，说明研究该问题的重要性。

第三节　撰写引言的常用实践技巧

1. 证明研究的价值

为了证明研究的价值，我们需要提供三方面的信息，这包括：（1）重要性（significance）；（2）非常识性（non-trivial）；（3）可行性（researchable）。虽然在整篇文章的不同部分（文献综述及讨论），我们都会阐释上述三方面的内容，但常常在引言部分提纲挈领地对这三个方面做简单的论述，最后再在文献综述等部分详细展开自己的观点。

（1）重要性。

“重要性”一般用影响力的大小去描述，用受影响人数及经济效益等去说明。所以在引言部分，我们常看见：

> 计算机的使用日渐普遍，研究显示，每天用计算机多于3小时的人占学生或在职人士的80%（蔡弘立，2006；郭健风，2007），本研究分析计算机的……至为迫切及重要。

> 在不同国家，教师工资在中小学经常开支中占极大比例（约75%；张栋梁，2011）。研究也显示教师心理素质是影响他们教学法的最重要因素（魏潇瑶，2011）。本研究透过访谈分析教师心理特质与……的关系。

（2）非常识性。

“非常识性”涉及该研究的众多纷争及不同观点，可以透过本研究去解决，从而证明本研究的价值。简而言之，本研究的结果有多种可能性，并非众所周知的常识，不进行研究无法得知结果，因此，本研究有学术贡献。

也就是说，在文献综述中，我们将引用不同的研究及观点，去指出一些尚有纷争的学说、理论或观点。又或者，所有权威学说都支持某一观点，但我们透过其他理据或研究结果，指出该观点尚有不对或欠缺的地方。从另一角度来看，若所有文献及我们自己均相信及支持某一观点，简单重复某研究的贡献不大，因此，我们尽量说服读者，该研究课题并无定论，值得进行研究。

我们并非否认重复研究的重要性，但能指出前人研究及学说的不足，并指出其矛盾的地方，是证明需要另一新研究的支柱。在文献综述部分，我们会展开这些不一致甚至对立的观点；在引言部分，我们只需提纲挈领地指出纷争及对立的观点，以阐明本研究的重要性，并引起读者的兴趣。

未能突出研究贡献的引言，诸如，

不同的研究显示，虐待孩子、疏忽照顾令孩子负面发展，身心受损，本研究希望分析这些受虐待及被疏忽照顾的小孩，以了解他们的发展是否受损。[虐待导致负面发展，如果所有人都有相同看法，那么为何要多做一个研究?]

研究显示（张颖晓，2008）新移民通常遇到不同程度的适应问题，移民小孩的学业通常受损，本研究通过问卷调查，以了解这些小孩的学业是否真的较差。[既然已知道这些小孩的学业受损，本研究有何新的贡献?]

较好的引言能指出另一个新研究的价值。例如，

不同的研究显示，父母虐待孩子、疏忽照顾令小孩负面发展，身心受损。不过一些分析名人传记的研究发现（魏清芳，2009），颇大比例的名人（35%）年幼时不只是生活艰苦，很多时候还都欠缺父母的照顾。本研究透过个案研究法，访问了10个年幼时受父母虐待但如今事业有成，是公司或机构高层的管理人员。我们希望了解是什么关键因素令一些负面的幼儿经验，转化成为驱动的力量。

研究显示（陈英会，2010）新移民通常遇到不同程度的适应问题，移民小孩的学业通常受损。不过在多种族移民的比较研究中（黄荣华，2008），亚洲儿童通常表现优异，新亚洲移民学童不仅较其他种族的新移民学童成绩更佳，在移民数年后，甚至超越当地的学童。本研究通过分析一个美国大型教育追踪性研究的数据，以了解亚洲学童成功的主要因素。

在个体差异研究领域，有一个朴素却引人深思的问题，那就是："人和人为什么不同?"同样是十月怀胎而生，同样吃五谷杂粮长大，为什么有高有矮？有胖有瘦？有聪明有愚钝？有成功有失败？如此等等，不一而足。其中有的问题已经有了肯定的答案，有的问题似乎有了答案却并不十分肯定，有的问题则到目前还没有明确的答案。例如，关于在智力超常儿童的发生发展中，究竟遗传和环境各起什么作用的问题，自1869年英国人种学家高尔顿出版《遗传的天才》（*Hereditary Genius*）一书以来，学术界一直在争论，直到现在也没有一个明确的结论。

[施建农.(2006). 以超常儿童为被试的个体差异研究. *心理科学进展*, *14*, 565-568.]

(3) 可行性。

关于"可行性"的描述，对一些难以实施的研究尤为重要。读者对一些研究问题，可能大概知道如何进行，但对一些较陌生的课题，研究者需要在引言中简单地描述如何进行研究，以释读者的疑虑。例如，

学童自杀备受社会关注，在青少年（如15~20岁组别）的死亡原因分类中（王白云，2008），自杀常居首位。至于自杀的原因，虽然家庭因素重要，但亦有不少研究指出精神病才是更重要的原因（王顺煌，2008；许富胜，2011）。有关中国学童自杀

的研究更少。本研究利用心理解剖学，通过分析自杀学童的日记及其个人学业等记录，与父母、同学等的访谈，重新勾画自杀学童的死前心理状况，去了解……

2. 具体说明

不要仅仅说自己研究的问题很重要，要具体说明为何重要。例如，研究中国人的性别编码很重要，可做如下阐述：

当要求中国人对无性别物体分类时，性别编码也应存在。了解汉语讲话者是否具有性别编码在理论上有重要意义。它将检验在其他语言讲话者身上发现的性别编码是否仅由语言特点决定，性别编码是否受生活经验和社会文化影响，因而有助于进一步查明影响对无性别事物进行性别编码的因素；同时，性别编码倾向的研究对了解汉语讲话者头脑中的语义组织也有重要参考价值。

[张积家，刘丽虹，曾丹 .（2005）. 小学生对无性别事物的性别编码 . *心理学报*，*37*，341－350.]

3. 引起读者的兴趣

下述是一些常用于引言以引起读者的兴趣的方法。

（1）引述日常经验。例如，

很多食品（如冰糕）、日用品（如洗发水）本身是白色或透明的，制造商除了添加香料外，亦加上色素，令消费者有各种联想，以增加销量。本研究选取数项日常用品，通过实验来了解消费者对不同颜色的联想。

（2）使用类比或比喻。例如，

从某角度来看，人类的记忆与电子计算机类似。

（3）运用引人注目的统计数据或事实。例如，

澳门号称世界四大赌城之一，早于 1847 年已将博彩业合法化，是中国境内目前唯一可以合法经营博彩业的地区。“博彩”是澳门旅游的一大特色。据统计，博彩税占澳门总税收的比重是：20 世纪 70 年代占近 30%；20 世纪 80 年代以后占 50% 以上。然而，有通讯报道说，绝大多数澳门人既不善赌博也不喜欢赌博。现在考虑的是什么因素导致大多数澳门人既不善赌博也不喜欢赌博。

[孙悦，李纾 .（2005）. 澳门人的风险知觉与赌博行为 . *心理学报*，*37*，260－267.]

（4）从历史或近年发生的重大事件说起。例如，

我们正处在信息时代。“信息革命”的迅速发展给人们的生活和工作带来诸多便

利，真可谓“秀才不出门，便知天下事”。我们坐在家里，就可以在第一时间亲眼看到伊拉克战争给伊拉克人民带来的灾难和死亡，也可以在第一时间目睹伦敦连环爆炸给英国人带来的恐慌和心理打击。信息一旦被战争利用，它就是杀人的凶器。一位反恐专家在《世界事务》期刊上说了这样一句话：信息也是一种大规模杀伤性武器。在战争中谁最善于利用信息，谁就能紧紧把握住克敌制胜的法宝。

[苗丹民，朱霞.(2006).心理战信息损伤的概念与研究.*心理科学进展*，*14*，190－192.]

(5) 指出以前研究的缺陷。由一些传统理论，带出另一些研究课题。例如，

以前只研究母子依恋，那么父子是否有依恋呢?

在锻炼心理学以往的研究中，似乎大多数体育运动心理学家更加热衷于对身体锻炼与人类消极情绪和行为关系的研究，而很少关注幸福、愉快等积极情绪的问题。事实上，锻炼心理学有必要去关注人性中的积极面，致力于利用身体锻炼的手段去帮助普通人更健康、更美好地生活。主观幸福感作为积极心理学研究极其关注的中心之一，它不仅可以评估一个人的生活质量，而且可以衡量一个人的心理健康状况和心理发展水平。因此，研究身体锻炼与主观幸福感的关系，探讨两者之间关系产生的原因，对进一步阐明身体锻炼对提高人的生活质量、维护人的心理健康、促进人的心理发展的作用将具有重要的理论意义。

[陈作松，季浏.(2006).身体锻炼对高中学生主观幸福感的影响及其心理机制.*心理学报*，*38*，562－575.]

(6) 由大的理论引导至子标题。把自己的研究放在一个大的研究（心理或社会）背景中来叙述。例如，

当前，我们正处于由计划经济向市场经济的全面转型时期，中国虽然是世界上人力资源数量最多的国家，但是，高素质的、适应经济全球化要求的人力资源始终是短缺的。随着我国加入WTO，更加融入国际社会，面对前所未有的国际竞争，企业的组织变革表现得更加剧烈，企业重组、裁员、新管理手段的运用等带来的冲击使得原有的领导-员工关系发生了根本性的改变，在这种竞争加剧、不断变化的环境中，管理者究竟应该具备怎样的能力、人格特征和领导风格，才能增强组织的核心竞争力，已经成为组织行为学和人力资源开发的紧迫课题之一。在此背景下，自20世纪70年代以来，探索管理者在变化的情境中如何表现优异、取得成功的胜任特征模型（competency model)，已经成为人力资源开发的理论研究和实践探索的全球性问题之一。

[时勘.(2006).基于胜任特征模型的人力资源开发.*心理科学进展*，*14*，586－595.]

需要注意的是，虽然写作要遵循规范，但也是创作的过程。某一种开头用多了，也会引起人们的审美疲劳，这时要引起读者的阅读兴趣，就必须挖掘自己的创造性。

当然引起读者的兴趣并不是说要像写小说、散文那样注重修辞手法，而是要考虑将研究的重要性、特点等信息用令人耳目一新的方式表达出来，以吸引读者的注意。

4. 一般不要在文章开头就报告结论

通过文献回顾逐渐展开，层层推进，引出主题。换句话说，开头就报告结论往往令读者失去阅读的兴趣。不过对于复杂的议题，一些作者为方便读者更清楚整篇文章的立场，亦会在文章开头就报告结论。

5. 亦可最后才撰写

虽然引言是文章的第一部分，但很多研究者喜欢将引言及结论留待完成文献综述、研究方法及结果之后，才开始撰写。

课后练习及解析

练习 1

文题：我国初中学生对“无私互助”的态度

引言：人是不是自私的生物？本研究综合使用问卷及现场实验等方法，探讨数个城市的初中学生对“无私互助”的态度，以及其付诸实行的程度。基于我国文化及“集体主义”价值观，本研究假设我国学生比国外学生更能做到“无私互助”。

针对上述材料，以下哪些句子加插于“引言”之中是合适的？

(i) 学者们针对人际“无私互助”提出了不同的理论，例如 Kelley（1986）的相互支持（Interdependence）理论及杨中芳（1986）的平均分酬理论。

(ii) 如果学生能养成“无私互助”精神，那么对和睦邻里关系有莫大裨益。

(iii) 研究对象为 200 名我国初中学生。包括北京市、天津市及上海市的 100 名初中学生，而另 100 名初中学生则来自陕西、山西及湖南。

(iv) 研究结果显示，我国初中学生普遍能达到“利他亦利己”的层次，少数甚至能达到更高层次的“利他不利己”。

解析

(i) 合适。可用于引出文献。（见：第二节　2. 导引出文献综述和研究问题）

(ii) 合适。可显示研究课题的重要性。（见：第三节　1. 证明研究的价值）

(iii) 不合适。无须在“引言”中详细解释研究的对象。

（iv）不合适。一般不要在“引言”中就报告结论。（见：第三节　4. 一般不要在文章开头就报告结论）

练习2

文题：老有所乐——城市老年人是否满意生活？

引言：

（i）我们采用“生活满意指数A（LSIA）”量表（Hoyt, 1983），了解城市老年人的心理健康状态及生活满意度，分析主要影响因素。

（ii）李云（2011）指出基本养老保险制度能保障老年人的基本生活能力。

（iii）2010年第6次全国人口普查显示，我国60岁以上老人已达1.78亿。对于基本养老保险，财政补贴1 954亿元，占全国财政支出的2.2%。

（iv）研究采用整群抽样方法选取南京市某小区365名60～90岁的老年人（男性202名，女性163名），由调查员进行面对面访谈，再使用SAS软件分析。

（v）然而，确保基本生活条件不等于老年人可以享受老年。对此，近年来社会将关注点推展至“老有所乐”。

以上部分应如何组合成为“引言”？（未必需要全部使用）

解析

答案：（iii）→（ii）→（v）→（i）

脉络：背景→过往研究争论（及其不足）→简介本研究

- 基本引言部分（见：第二节　2. 导引出文献综述和研究问题）
- 由背景及以往研究过渡至本次研究，带出研究的价值，并借由统计资料指出研究问题的重要性。（见：第三节　1. 证明研究的价值；3. 引起读者的兴趣）
- 研究的方法，无须在“引言”中详述。
- 简述过往研究（及局限）。（见：第三节　1. 证明研究的价值）

第七章

文献综述

关键问题

如何设定文献综述的各层标题?

如何选取文献?

应该引用多少文献?

如何在文献综述中展示研究假设?

如何在文献综述中说明研究的意义及必要性?

如何处理二手文献?

如何引述文献?

如何在文献综述中做到用语准确及避免歧视?

在文献综述中可以用第一人称(“我”“我们”)吗?

如何建立连贯及有组织的综述?

在文献综述中如何善用主题句?

第一节　综述的内容

综述部分应包含研究的重要性、研究背景、存在的问题和研究的意义、研究的方法和假设。

在前面的引言部分我们已经用简短的篇幅概括过整个研究的背景和重要性，接下来在文献综述的部分，就要介绍前人所做的相关工作。在文献综述较后的部分，我们开始引入自己的研究。这一部分可细分为三方面的内容。

- 研究的意义：对目前研究将有什么贡献，即为什么我需要另一个研究，以前的研究有什么不足，现在这个研究将如何扩展、澄清、反驳、深化以前的研究，在文献综述部分的最后，文章内容自然地由以前的研究过渡到现在的研究。

- 研究方法：简要说明研究所用的方法、程序及样本等。详细内容将在“方法”部分说明。
- 研究假设：简要地提出整个研究的最重要假设，一般不像论文般详细点列，也不用虚无假设等术语，只需简明扼要地提出研究猜想（假设）。

第二节 撰写综述的规则

1. 部分期刊以“文献综述”为标题

不同期刊有不同的格式，投稿之前，应先了解目标期刊的要求，一些期刊以“前言”“文献综述”等为标题。例如，

1.0 前言

…………

2.0 文献综述

2.1 学习动机

…………

2.2 归因理论

…………

2. 部分期刊不以“文献综述”为标题

不标示“前言”，且用具体标题做文献综述标题及子标题，采用这类处理方法的期刊可能更多。也就是说，在“前言”之后，紧跟着将有关文献做综述，但不用标明“前言”及“文献综述”，只需列出架构的标题便可。如果文献综述篇幅较长，开头应有一段对内容结构的简要说明，然后用小标题引导读者。例如，

…………

…………　} 1至2段没有标题的前言

…………

1.1 强化理论

…………

1.2 归因理论　} 多段具有标题的文献综述（APA格式的小标题，不加编号）

…………

1.3 自我调控理论

3. 使综述成为假设的依据

文献综述十分重要，因为我们不能仅根据猜测或直觉提出研究假设，必须以前人的研究和现有知识经验为基础，经过逻辑推理，进而提出研究假设。例如，

研究问题：为什么训练能提高心算能力？

文献综述：短时记忆，也叫工作记忆，指存放正在加工材料的空间，在心算中非常重要。儿童不能在工作记忆中复述材料，就会导致其心算成绩差，那么，训练孩子学会在工作记忆中复述材料，将提高他们的心算成绩。

研究假设：经过训练以后，儿童在心算测验中的正确反应数目要比训练之前多。

4. 把理论假设具体化为实际操作性假设

在实证性研究中，研究假设必须是可以检验的，表述要具体、准确。

简单来说，假设可区分为两种：理论性和实际操作性（operational）假设。理论性假设无法直接检验，例如："高要求的领导可以引起高效率的团体行为。"

这类假设需要提供操作定义才能检验，即把理论性假设具体化为操作性的研究假设。比如，领导要求用某量表的得分来区分高低，团队行为效率用群众评议结果来表示。这样，研究的理论性假设就变为实际操作性假设："领导在《ABC 问卷》中的要求严谨维度上得分越高，其领导的团体获群众评议效率得分也越高。"

5. 合理撰写假设

提出研究假设需要注意五个方面。

（1）多个假设的顺序应与文献综述中的顺序尽量保持一致。

（2）在假设中避免使用精确的统计假设或预测来表述，而多用简洁易懂的句子。例如，

因此，我们预测男生在数学中的自信将较女生为高。

而不用

因此，我们预测男生在数学中的自信均值，在统计上显著地高于女生的自信均值。

（3）如果有多个假设，是否用数字编号，应视具体情况而定。若用编号，可简易地指向某项假设（例如，结果支持假设 3）；但读者不一定能记住某一假设究竟是什么，因此在必要时，应同时写出具体的假设内容。

（4）统计中的虚无假设不需要给出。尽管在许多论文中，学生需详细列出虚

无假设，但对于学术期刊的文章，罕有要求列出这类详尽但意义不大的虚无假设的。

（5）无须列出全部统计假设，一般只要提出最重要的几个假设便可。

6. 并非一定要有研究假设

有些期刊文章没有研究假设，因为研究重点不一定在检验假设，或者已有的知识积累还不足以形成假设，所以，这些研究报告用研究目标或研究问题来代替研究假设。下列三种情况，只需写研究目标或研究问题，无须写研究假设。

（1）定性研究。

（2）当研究目标只是描述一个组或几个组的特征或现况，并不涉及检验变量之间的关系时。

（3）当提出研究假设的证据不充分时。

7. 具体和准确

研究目标或研究问题的表述要尽可能具体和准确。

8. 避免引用二手文献

应尽可能地引用第一手的材料，这对自己和读者都是负责任的做法。引用二手文献可以说明研究者不太认真，尤其是在网络发达的今天，实际上查找原始文件并不是那么困难。

反之，假如文章 A 中引用了作者 B 的研究，你在阅读文章 A 时觉得作者 B 的研究很有用，于是就抄了下来，包括后面的文献。如果文章 A 引用错了，那你也只有跟着错。读者如果根据你的文献去查而没有查到，他们不会指责文章 A，只会责怪你。这样不看原文的抄袭，虽不像剽窃那样严重，但也是不光彩的行为。

9. 遵循道德规范

《出版手册》在这方面的指南是，我们须引用并综述任何直接影响我们工作的理论、研究及相关概念。

10. 引用时注明文献来源

当文章内某些观点、数据或其他内容取自其他文章时，必须恰当地注明，以避免读者误把别人的思想或工作当成本篇作者自己的。除了在文章中标示外，我们亦需要在文章末列出所有参考文献。

引用了别人的观点却不在参考文献中标明，也就是把别人的观点和自己的观点混在一起，这就有剽窃的嫌疑。

11. 最好使用第一人称

在过去，研究报告一般用第三人称（或被动句）去撰写，避免用“我”“我们”等，以展现客观性，但近年来（APA, 2001, 2009）这项规范有新的改变，许多期刊鼓励作者用“我”(“我们”）及主动语态（active voice）而非被动语态（passive voice）去简洁且亲切地表达报告内容。例如，

Students completed the questionnaire in class.

而非

The questionnaire was administered to the students in class. [错误范例]

12. 用词确切及避免歧视

尽量以表 7.1 所列的用语替代不够确切或带歧视性的词语（APA, 2009）。

表 7.1 *建议准确用语*

建议用语	取代用语
更准确地描述	
参与研究者为云南白族	参与者为少数民族
75 ~ 85 岁	老年人（elderly, senior）
旧金山华人	华人
10 ~ 15 岁不在学少年	高危青少年
学童、青少年	参与研究者
尊重参与者	
参与研究者（participants）	被试（subject）
不将他们固定为某类人，只描述他们现在的状况	
精神分裂症病人	精神分裂者
避免用形象去描述伤残人士	
小儿麻痹症患者、有自闭倾向的青年、有学习障碍的学童	坐轮椅者，或者其他贬义词（低能、跛子）
dementia	senility

续前表

建议用语	取代用语
除了在医院的环境下，避免称他们为病人、个案	
避免将同性取向贴上不正常行为标签	
异性取向组与同性取向组	正常组与同性恋组
避免固定以某一类别为重要参考组	
女生与男生	男生与女生
避免性别刻板印象与偏见（或改变句子结构）	
they（用众数词替代名词去描述医生、护士等）	he, she
other sex	opposite sex
用专有名词替代肤色的区分	
Black and White	black and white
最好能指出具体族群	
Asian American, Chinese, Korean, Japanese	Oriental

13. 正确使用脚注

脚注号码应该以上标的形式在正文中出现。不应在文题或各层标题中加注。有需要参考前文的批注时，应以文字标明。例如，

新教学法[4]不适合小学生……效果也并不明显（见注2）。

第三节　撰写综述的常用实践技巧

1. 可先构思写作步骤

很多研究生反映，撰写综述下笔如有千斤重，对已读过的文献内容很快便忘记，很难将大量文献资料整合。针对这个问题，我们介绍两种写作方法，供初学撰写论文的同学参考。

第一种方法，先画框架再将文章逐篇填进。一些研究者喜欢将整个写作过程分为5个步骤。

第1步，先粗略阅读相关文献（如只看文章摘要），并订出文章大致框架及各层标题。

第2步，由最重要的文献开始，一边仔细阅读，一边将重要内容记下，依框架插

入文书档案。

第 3 步，再将这个档案内的不同内容调动次序，略见文章架构。

第 4 步，处理每一个小标题，将其内容串联起来，写成段落。

第 5 步，不断地修改，有需要时，再重阅部分文章，加插细节。

在这个方法中的第 1 步，研究者找到并阅读相关文献后，他们已有整篇文章的大致架构，因此在第 2 步中，对引用文章的相关部分已有初步的决定。

用这种方法，我们先从电子数据库（如 ERIC、PsycINFO 等）中找出一定数量（如 60 篇）的相关文献；从它们的文题及摘要中找出并阅读最重要的数篇（如 7 篇），决定文章的架构，然后翻阅手上的 60 篇文章，将有用的部分有系统地插入文章架构内。

在这一方法中，因为我们已有文章的框架，所以在阅读每一篇文章时，都能集中并找出最有用及相关的部分，放入准备撰写的文章中。这是有目的性的阅读（purposeful reading），在阅读时，我们知道自己在找什么样的数据。这与休闲性阅读并不相同，在休闲性阅读时，我们并无特定的问题在脑海中。

当手上的 60 篇文章逐一处理完毕后，我们便可暂时不再看这些文章，改为集中将每一个小标题内的资料理顺成为段落；有需要时，才重看原文，加插更详细的内容。这种方法的好处是不用不断翻阅文章，避免总是担心忘记引述一些相关文献。

第二种方法，先画框架再依架构找文章。这种写作方法是先写下文章的主要思路，令文章有一个严谨的脉络，在写每一个环节时，旁引主要参考文献。这种写作方法可令文章思路更清晰及严谨。也就是说，我们先写好某一环节，才开始写另一环节。不过部分初学撰写论文的学生，经常抱怨忘记已看过文章的内容，因此在写某一小环节时，又要重新翻看所有文献，总是左翻右翻也写不成一小段。

上述的两种写作方法及步骤是极端的例子，我们常混合不同的方法。具体采用哪种方法，也视我们对该课题的熟悉度而定。写作涉及技术及训练，也是一种富有个人风格的艺术。

2. 文献的选取要适度

引用的文献数量要适度，到底应该引用多少条文献，要视研究的领域和以前研究的质和量而定。基本的原则是，文献资料尽量全面且具有针对性。

（1）全面性。写好综述部分的前提是尽量全面地搜集到相关文献，特别是不能遗漏与研究领域密切相关的重要研究。对于重要但我们认为有重大缺失的研究，应指出问题所在。需要注意的是，文献综述不应只引用对自己有利的或支持自己观点的研究，而对那些与自己观点相反的观点视而不见。如果一个研究只引用自己以前的研究，较少引用他人的研究，这就不免使人怀疑他的文献引用可能有偏见。

不同期刊对文献综述的长度有不同要求，一些重视综述及专题回顾的期刊，当然要求较长及全面、有系统的综述，一些重要期刊也极希望实证性（含数据）研究的综述部分亦颇详尽，文章字数限制决定了综述部分的长短。

（2）针对性。参考文献虽然要完备，但是应有针对性地选择有代表性和质量可靠的文献，对一些质量欠佳且发表在次要期刊上的研究可以省略，无须穷尽列出极次要低劣的研究。

如果文献列表很长，就需要删减，把一些不重要的文献删除。取舍可以基于以下问题：研究假设或定义是否来自文献？是否有文献影响了你现在的理论？是否借用了文献中他人的研究方法？统计分析或分析过程是否借助了文献内的某些独特方法？如果回答“是”，就要引用相关参考文献。

这时要注意的是表述需要详略得当。回顾文献是为了帮助读者更好地理解前人在这一领域所做的工作，以及当前研究的贡献。因此，要避免不相关的议题分散读者的注意力。行文既需要维持读者的兴趣，又要让他们对与研究相关的背景有深入系统的认识。

3. 说明本研究的意义及必要性

Sternberg（2000）曾用 thesis、antithesis 和 synthesis 三个词来说明智力、创造力和智慧的关系，我们也可借用来启发自己如何提出研究问题（挑战权威和流行理论）。Thesis 是前人的研究结论，antithesis 是说把前人的研究结论反过来看是否有道理，synthesis 则是把前人研究中矛盾的地方整合，并提出一些假设及研究方向。

说明研究的意义及必要性通常有以下 5 种方式。

（1）指出以往研究的不一致之处，整合已有研究的矛盾。例如，

从上述研究中可以看出，研究者普遍把儿童对错误信念的理解作为获得心理理论发展的标志，并以此来讨论心理理论以及它和其他任务间的关系。标准的错误信念任务（以意外地点任务为例），让儿童观看一个实验者和男孩 Max 玩耍的图像：当 Max 在房间里时他看到实验者把一块巧克力藏在一个盒子下面，之后 Max 离开了房间一会儿，当他不在时，实验者把巧克力转移到另一个地方。

虽然研究者们采用的测试问题并不统一，但以下三个问题是研究者们常采用的测试问题。其一，想法问题：Max 认为巧克力现在在哪个地方？其二，预测问题：Max 回来后会去哪个地方找巧克力？其三，知否问题：Max 知不知道巧克力现在在哪里？其中最为常用的是“想法问题”和“预测问题”。

大多数研究者认为“想法问题”和“预测问题”是同质的[12]，都是检查儿童是否获得错误信念的问题。Miller（2001）同时运用这两个问题对儿童提问，发现正常儿童在两个问题上的表现无显著差异[13]。邓赐平、桑标等（2003）的研究也得出类似的

结论，在同种实验条件下，两个测验问题（“想法问题”和“预测问题”）没有显著的差异[14]。因此，大部分研究只采用其中的任一问题来检测儿童的错误信念。据此，本研究选用“预测问题”作为检测儿童错误信念获得情况的问题。

此外，“知否问题”（Max 知不知道巧克力现在在哪里?）也在一些研究[12,15,16]中被使用。其中有研究把它当作测量儿童心理理论的一个检测问题[12,15]。也有研究[16]把“知否问题”和“预测问题”共同作为错误信念的检测问题，用儿童在两个问题上的得分共同反映儿童对错误信念的理解。Ruth 和 Leslie（1998）直接对“预测问题”和“知否问题”进行分析发现，三岁半的儿童在“知否问题”上的表现显著好于“预测问题”[12]。这表明，儿童对“知否问题”的理解可能是更早的，因此，以往研究对“知否问题”和“预测问题”可能有混淆之嫌。同时，在大量讨论心理理论与执行功能的研究中还未见有研究讨论“知否问题”与执行功能任务间的关系。如果“知否问题”和“预测问题”不能混为一谈，那么讨论“知否问题”与执行功能任务间的关系将是有价值的，因为这样可以了解发展得更早的心理理论层面和执行功能的关系。我们预测，“知否问题”“预测问题”与执行功能任务间的关系将有所不同。

此外，有研究显示，中国儿童在五岁时才能较普遍地完成错误信念任务[16,17]，比西方儿童晚[16]，但中国儿童的执行功能发展却是和西方儿童相当的[18]。那么当中国儿童较西方儿童更晚获得对错误信念的理解，而同时获得执行功能的发展时，心理理论和执行功能的关系是否也有所不同呢？具体地说，国外研究者发现的错误信念任务与执行功能及膝跳反射任务间的高相关是否还能保持呢？本研究的目的就是在中国文化的背景下进一步讨论儿童执行功能任务和心理理论任务的关系，初步讨论“知否问题”和“预测问题”间的差异及其与执行功能任务、膝跳反射任务间可能存在的不同的相关关系。

［廖渝，吴睿明，P. D. Zelazo，李红，张婷，张莉，……李小晶 .（2006）. 意外地点任务中不同测试问题及意图理解与执行功能的关系 . *心理学报*，*38*，207－215.］

（2）用新的方法重新检验已有的结论。例如，

以谜语作为实验材料，通过呈现标准答案来催化顿悟过程，从而揭示其大脑的活动状况，这无疑是一项具有开创性的工作。但是顿悟是一个复杂的认知过程，对于 N380 是否真实地反映了被试在产生顿悟过程的早期，由于对认知冲突（正确思路和错误思路之间的冲突）的觉察而导致 ACC 的激活，我们不能确定。当正确的谜底被告知时，如果被试能理解正确答案，的确会有一种恍然大悟的感觉，产生顿悟；但是当被试不能理解正确答案时，他们就不会有恍然大悟的感觉，也就不能获取顿悟。因此，对不理解情况下所诱发的 ERP 进行分析具有重要的价值和意义，可以进一步澄清 N380 的真实含义。鉴于此，本实验通过选取中国传统的字谜（正确答案均为一个汉

字，可以在一定程度上克服因刺激材料本身的字数不同而导致的项目间变异，获得较为同质的认知加工过程）作为实验材料，采用高密度的ERP技术，分析猜谜作业中当呈现正确答案以后，“有顿悟”“无顿悟”和“不理解”三种情况所诱发的ERP，对已有研究的结论做出进一步的检验，为深入揭示顿悟的脑内时程动态变化提供更多的证据。

[邱江，罗跃嘉，吴真真，张庆林．(2006)．再探猜谜作业中“顿悟”的ERP效应．*心理学报*，*38*，507－514.]

（3）重新设计实验解决以往研究中存在的冲突。例如，

但是这些研究中普遍存在的一个问题是，均对保持时间间隔变量采用了被试内设计，也就是说被试在不同的时间间隔后接受了多次重复测验，这就使上述研究结果中混入了一个重要变量——重复测验可能对错误记忆存在的潜在影响，因而其研究结果是否真能如实反映错误记忆随保持时间间隔而发生变化的规律是存在疑问的。相反，一些对保持时间间隔采用被试间设计的实验，更可能为错误记忆的遗忘规律提供有效的证据。鉴于此，在实验一中对保持时间间隔变量采取了以往的被试内设计，而实验二则采用了被试间设计以消除可能存在的诸如重复测验等干扰过程的影响，并进一步通过实验一与实验二结果的比较以期更好地揭示错误记忆的遗忘效应。

[杨治良，周楚，万璐璐，谢锐．(2006)．短时间延迟条件下错误记忆的遗忘．*心理学报*，*38*，1－6.]

（4）检验现有理论的重要性。例如，

虽然共享心智模型的研究已经取得一定的成果，但从概念提出到实证研究开展的历史很短，目前仍处于理论完善阶段。除了分析其前因后果之外，共享心智模型在团队中如何形成、如何发展的问题对理论完善也非常重要。掌握其动态变化和发展的规律，是完善共享心智模型理论所必需的。但目前对此缺乏必要关注。另外，已有研究发现共享心智模型会促进团队绩效，但两者的关系在团队的不同发展阶段是否会表现出不同的特点？Mathieu 等发现不同类型的共享心智模型对团队有效性的影响不一样[22]，这是否因为不同类型的共享心智模型处于不同的发展阶段所导致的呢？探明共享心智模型的发展特征能够帮助我们进一步认识其与团队有效性的关系，从而解答这些问题。本研究拟以此为重点，探讨共享心智模型是否随团队运作时间的增加而发展。具体而言，共享心智模型的发展首先体现在团队成员心智模型的一致性程度是否会随团队运作时间的增加而提高上，因而，本研究主要探讨成员心智模型一致性程度如何提高。

[白新文，王二平，周莹，马达飞，任婧．(2006)．团队作业与团队互动两类共享心智模型的发展特征．*心理学报*，*38*，598－606.]

（5）研究以往没有研究过的问题。例如，

上述研究结果提示，NG可能作为一种中介物质，在脑、行为与健康关系中起作用。但是，关于急性情绪应激、行为与NG关系的研究尚未见报道。为此，本研究拟采用本实验室建立的不确定性空瓶饮水应激模型，通过短期的不确定性空瓶饮水刺激诱发大鼠情绪应激，进而考察急性情绪应激源对海马和前脑皮层的NG影响以及应激后大鼠的旷场行为与NG变化的关系，以期对不同应激源诱发行为效应的相关脑机制差异做一些探索。

［李欢欢，林文娟，李俊发．(2006)．急性情绪应激对大鼠行为和脑神经颗粒素磷酸化水平的影响．*心理学报*，*38*，576－582.］

4. 避免简单堆砌文献，要有架构及自己的叙述思路

在文献综述的过程中，作者围绕自己的研究题目阅读了大量文献，已经成为该领域的专家，在回顾以前的有关研究时，就会情不自禁地把自己所学所知的东西尽量全部堆在综述中，但要知道，没有重点、缺乏主题的陈述，会降低读者的兴趣，也不能突出主题，难以将理论提升。所以，在综述文献时还应以有理论架构及简明扼要为原则。

文献综述应像一篇文章，要基于一定的阐述思路和主题，通过归纳、分析和综合，将不同的文献安排在恰当的主题下。在阐述时，要保持行文的逻辑性和连贯性，段落之间要有承上启下的联系。如果在每段开头就仅仅列举张三研究怎样，李四研究怎样，或者整段都是众多研究的描述，而没有综合、比较、评论及分析，这就是较差的综述。

5. 行文应具连贯性及逻辑性

下述是常见的缺乏逻辑性及组织欠佳的写作：

许富胜（2006）对小学生的研究……陈姿妏（2008）发现……王彰湖（2007）认为……黄志文（2010）则发现……［错误范例］

较佳的组织如下：

对于学前幼童的阅读，黄志文（2008）的研究显示……到了小学阶段，学童阅读机会更多，邓淑美（2006）……中学生较小学生更为……刘静怀（2007）发现……

20世纪80年代以前的研究较重视……林文彬（1975）……而陈保云（1978）更发现……20世纪90年代……

在学童自我概念与学业能力的研究中，有很多是以学童校内成绩为学能的指标，他们一般发现……例如，林文彬（2007）分析……陈保云（2005）对……不过如果取学童在大型公开考试的成绩为学能的指标，研究者通常发现……例如，通过对1万多名不同城市的学童……进行研究，刘明礼（2007）发现……

在学童语文能力的研究中，我们一般发现……在一个中型城市的小学生语文能力普查中，许民佳（2005）发现……同样地，其他研究亦证明……（王志忠，2006；余能慧，2007），学童的语文能力……但是如果我们将语文能力内的听讲读写能力仔细区分再做分析，这些能力的增长形态差异就十分显著，在学童的……方面（王志忠，2006）……

在人格对……影响的研究中，我们大致可以区分为两类观点，一些学者（何秉缘，2006；张运强，2007）认为……另一些学者（沈万成，2005；刘彩云，2007）却相信……如果我们仔细分析支持前者观点的研究发现，他们多用……方法，这会导致……偏差。

6. 自然过渡到自己的研究

文献综述既为本研究提供历史背景，也说明本研究与以往研究之间的异同及独特贡献。文献综述的第三部分是水到渠成地转入自己的研究，并自然过渡到假设或问题的提出。例如，

内隐记忆和外显记忆的脑机制在词领域中已取得较为一致的结果，但这种一致性可否延伸到其他的刺激领域如面孔呢？

[孟迎芳，郭春彦. (2006). 内隐记忆和外显记忆的脑机制分离. *心理学报*，*38*，15-21.]

基于以上理论，我们认为要全面认识成就目标对学习结果产生的影响，就必须讨论成就目标、测验焦虑和工作记忆之间的直接或间接关系，建立三者之间的路径关系模型。

[刘惠军，郭德俊，李宏利，高培霞. (2006). 成就目标定向、测验焦虑与工作记忆的关系. *心理学报*，*38*，254-261.]

7. 尽量不要照搬原文

首先，直接引用（即一字不改，照抄原文），欠缺前文后理，难以清晰地表达完整的意义。其次，经常直接引用会影响行文的流畅，因为不同作者的文风不一样。最后，直接引用会把读者引向细节，不利于对文献获得一个整体的看法。如果你重新表

述，就很容易省去细节，将读者的注意力集中在主要论述上。

尽量不要直接照搬文献中的原话，除非只有原话才能更好地说明你的观点，或原作者是个很有权威的人，他的话更有说服力。因为写文献综述是要求作者批判地阅读，对大量文献进行整合，然后用自己的话语向读者介绍清楚，需要简明扼要。

8. 在写研究问题时，避免封闭式的问题

研究问题通常是概括一点，比较宏观，相对而言，假设则较具体细致。因此在写研究问题时，一般来说，尽量不用只用“是”或“不是”就能回答的问题。

9. 多用主题句

多用主题句等句式，将重点做一总结，这包括在每段的首尾句子中扼要总结整段内容，或者在某小标题的开始及结尾的地方总结重点，令读者更易明白各论点的关系。当然，这些主题句或总结句，亦应尽量呼应上下各段，令各段落或小标题之间的关系更为明显。

这种方法不只是在撰写综述部分时有用，在整篇文章的任何部分，多用主题句或总结句，均能帮助读者了解每一段及整篇文章的重点。

毋庸置疑，虽然机械地用上述方法撰写文章，重复内容较多且读者会感到沉闷，但对初学写研究报告的学生而言，多用主题句及总结句，普遍上均会令文章的结构更为清晰，可读性也大大提高。

10. 只取前人研究的重点，不提方法和变量

写文献综述是为了下一步提出问题，因为多数研究方法大同小异，所以文献综述应注重介绍前人的研究结论，应集中于研究内构念（construct）层面的分析及讨论，无须长篇并详尽地描述前人研究中的方法及细节。因此，我们会在综述中谈人格与其他成就的关系，但不会谈人格问卷内某题目的特性。

但是，如果某研究是直接建立在一两个前人研究的基础上，有自己特别的方法（如用某种较新的统计方法，针对前人统计的错误提出新的算法），某变量的操作定义及测量方法在该文中甚为特殊，或者是基于某特定条件下所得出的结果（例如，用访谈方法得出与其他人截然不同的结果），那么我们应尽量提供资料，以帮助读者理解更独特的背景。

课后练习及解析

练习1

Narris（1989）的研究指出大部分7岁儿童能认识到故事角色行为的错误（Hutinson, 1993），“结果显示，儿童理解错误信念的速度……显著快于理解基于信念的情绪的速度”(Chen, 2004, p. 34)(i)。然而，我认为Hutinson的实验要求区分自身与他人信念，可能阻碍了儿童对信念以及基于信念的情绪的理解（ii）。综合以上，我试图通过排除相应的影响因素，了解儿童的错误信念理解（iii）。

针对上述文献综述中的内容，你同意以下评注的意见/建议吗？

（i）恰当，应照搬原文。

（ii）不应加入作者的主观意见。

（iii）欠缺假设。

解析

（i）不同意。应避免照搬原文。（见：第三节　7. 尽量不要照搬原文）

（ii）不同意。可提意见以突出新角度及重要性。（见：第三节　3. 说明本研究的意义及必要性）

（iii）不同意。不一定要有易于辨别及操作的假设，本例中的研究是为了更详尽地解析因素，而非验证前人的研究结论。（见：第二节　6. 并非一定要有研究假设）

练习2

记忆线问题，最初由Pearson于1978年提出。Leva（1982）证明，只有约8%的被试（i）能做出正确选择。Leva认为是偏见影响的结果，其后有人（Mendela, 2001）发现，命题的抽象性能促进这一效应。Siegler（2009）认为，对于个人经验材料，才会发生这一效应（ii）。Campbell于法国通过分层随机抽取的553名6~15岁学生，发现自述理由能提高解决这一问题的正确率（iii）。综上所述，我们（iv）将考察以下4项……

针对以上文献综述中的内容，以下建议哪些正确，哪些不正确？

（i）应以其他词语代替。

（ii）应罗列相关研究结果。

（iii）应详述过往研究的方法。

（iv）应改用第三人称。

解析

（i）正确。“被试”一词带有歧视性，可改为“参与研究者”。（见：第二节　12. 用词

确切及避免歧视）

（ii）不正确。文献综述应总结相关研究结果，而不是罗列（点列）。（见：第三节 4. 避免简单堆砌文献，要有架构及自己的叙述思路）

（iii）不正确。除非特定方法或情况，否则无须特别介绍。（见：第三节 10. 只取前人研究的重点，不提方法和变量）

（iv）不正确。许多期刊鼓励用第一人称，使文章更简洁而亲切。（见：第二节 11. 最好使用第一人称）

第八章 研究方法

关键问题

研究方法应该包括什么内容？
研究方法中应该提供参与者的哪些资料？不应该透露哪些资料？
研究方法中如何报告实验设计及步骤？如何描述问卷的内容及提供信效度？
研究方法中应该提供实验的哪些步骤及细节？
研究方法中是否需要列出一般的指导语？
研究方法怎样才能符合道德守则？
研究方法中怎样报告参与者的特征？

第一节 “方法”的内容

“方法”部分通常包括三个部分：参与者、工具（材料、问卷、仪器）和程序。我们也可以根据具体的研究做出调整，例如，增加“实验任务”“统计方法”等。

第一部分“参与者”描述参与者的特性（例如，年龄、性别）。第二部分“工具”提供有关研究工具的信息，对一些含复杂步骤或多种工具的研究，我们可能需要多层次的描述。有需要时，可将较次要但对重复研究有用的资料（例如，实验中所使用的图片）放于文末附录中。第三部分“程序”提供研究时的具体步骤。

第二节 撰写“方法”的规则

1. 提供参与者的选取办法

要说明如何选取参与者人群。例如，

周末在北京海淀区购物商场，随机选取路人回答问卷。

如果是方便取样，通常是在研究者所在的工作或学习单位进行，那么就应该交代工作或学习单位的性质，让读者较明白参与者的特性。例如，

参与者是来自北京一所重点综合性大学的学生，男性34人，女性42人。

参与者为10所外资跨国金融公司在北京分公司工作的经理。

一般不提供参与者所在大学、机构或公司的具体名称，只需描述背景特性，不应提供一些足以暴露参与者的资料。

尽可能提供参与者是否自愿报名参加、接受多少酬劳等资料。在“讨论”环节中，我们应指出由样本推论到其他总体的局限。例如，参与者以大学生志愿者为主，推论至一般大众不一定合宜。

参与研究者

研究采用分层随机整群抽样方法，从重庆地区按城乡、小学、初中、高中分层抽样，通过学校邀请学生参加。他们必须每周平均上网多于1次，并每周平均上网多于1小时，方符合填答问卷的要求。

选择学习不良儿童的标准为：

（1）运用标准分比较法，作为选择学习不良儿童的定量方法。首先对全体学生施以智力测验。研究采用适合于团体的CRT瑞文智力测验，并以期末考试的语文成绩、数学成绩作为学绩测验的结果，因为国内目前尚无适合的学绩测验。然后，将智力测验和学业成绩的原始分转化为标准分，比较二者（智力、学绩）的差异，公式为：

$$Z_{\text{dif}} = (Z_x - Z_y)/\sqrt{(1 - r_{xx}) + (1 - r_{yy})}$$

式中，Z_x、Z_y分别是智力和学绩的标准分，r_{xx}、r_{yy}是智力测验和学绩测验的信度。如果Z_{dif}的值大于$Z_{0.07} = 1.50$，则推断为学习不良。

（2）研究运用临床诊断法作为选择学习不良儿童的定性方法，所得的学生名单让班主任根据学习不良的定义进行学业成绩、品德操行诸方面的综合评定，指出班内哪些学生属于学习不良儿童，作为研究的对象。

（3）在上述学生名单中，我们排除智力落后（IQ < 70）和智力超常（IQ > 130）；没有明显躯体或精神疾病。

［俞国良，侯瑞鹤，罗晓路.（2006）. 学习不良儿童对情绪表达规则的认知特点. *心理学报*，*38*，85－91.］

参与研究者

采用整班抽样的方法对来自陕西、黑龙江、山东、河南和重庆等地的5所大学的550名大学生进行了调查，获得有效被试471名。其中，女生274人，男生174人（未填23人）；一年级82人，二年级153人，三年级124人，四年级87（未填25人）；

文科131人，理科237人，工科85人（未填18人）；重点大学223人，非重点大学236人（未填12人）。

[夏凌翔，万黎，宋艳，杨翼龙．(2011)．人际自立与抑郁的关系．*心理学报*，*43*，1175-1184.]

2. 描述参与者的特征

样本缺乏代表性，是审稿员对稿件的一种常见的批评。但要求所有研究都必须严谨地采用随机或分层随机方法取样，是不恰当的。在期刊上已发表的文章当中，也只有少数是用严谨随机或分层随机方法取样的。显而易见，并非每一个研究均能够或需要使用严谨随机的样本。

样本应该能够代表研究对象总体的特性；如果不具有代表性，应该说明原因（例如，某样本来自省重点中学）。主动提供样本的特性，对参与研究者（被试）做详细的背景说明，可帮助读者评估研究及解读结果，让他们知道研究结果可推论至什么总体。例如，一个对能力较差的小学生有效的教学法，对中学生未必有效。提供样本的特性，也便于日后其他研究者进行元分析时使用。

具体来说，对一些明显很可能影响结果的参与研究者特性（例如，性别、年龄、能力水平、社会经济地位），我们应该尽量提供样本在这些变量上的分布（均值、标准差、中位数等）。我们亦须报告取样、分组程序等，以便读者判断结论能适用的总体特性。例如，

参与研究者

参与研究者为100名中国沿海省会城市农业大学本科生，男女各半。视力或矫正视力正常，双耳听力正常。[这项研究需用耳机听取指示，在电脑显示屏上做回应。]

参与研究者

200名参与研究者均为西北地区省会城市省师范大学学生，年龄从18岁到26岁(平均20.50岁)。所有的参与研究者均为右利手，视力或矫正后视力正常。实验结束后付给参与研究者人民币20元的报酬。[实验与上述研究类同。]

参与研究者

本研究总共调查了14家企业，发放908份问卷，实际回收774份问卷。当所有问卷回收之后，进行废卷处理的工作，将空白过多（20%漏答）、反应倾向过于明显（例如，连续15题同一答案）的问卷剔除，最后得到有效问卷738份。其中男性351人（占47.6%），女性315人（占42.7%），72人未填性别（占9.7%）。高中或以下学历者98人（占13.3%），大专学历者167人（占22.6%），本科学历者361人（占

48.9%），本科以上49人（占6.6%），63人未填学历（占8.8%）。

［李超平，田宝，时勘.（2006）. 变革型领导与员工工作态度：心理授权的中介作用. 心理学报，*38*，297－307.］

如果样本量很小（例如，只有数位校长的访谈研究），要考虑是否对每位参与者的情况有所说明，但应该小心对他们的身份保密。

进行动物研究，应该提供具体品种、来源编号、重量等重要特征资料。

3. 不描述参与者的无关特征

参与者特征的描述应足够细致。但人口学特征有很多种，不同研究的选择不同。一般原则是描述那些与研究密切相关的变量。例如，研究青少年自杀的危机性，参与者“对宗教的态度”很可能是一个重要的变量；而研究数学成就，可能就与“对宗教的态度”无关了。不写对实验结果无影响的参与者变量，如身高、头发颜色等。

4. 不再用“被试”

现在美国心理学会及很多期刊要求使用“参与者”（participant），不再用“被试”，以尊重参与研究的人士，并彰显个人自愿参加实验的意思。“被试”部分的标题也应改为“参与者”。

若能具体地描述他们的特性或类别，则改用更具体的描述。例如，

学生填答问卷，他们的家长接受访问，以了解……

但如果是动物，还是使用“subject”。中文一般不写“被试”或“动物被试”，而是写“实验对象”或“实验动物”。例如，

实验动物

实验选用雄性Sprague-Dawley大鼠40只，购自ABC实验动物中心，体重250克以上，单笼喂养。

不过，当讨论研究设计或统计方法时，还沿用以前的说法，如within-subjects（被试内）或between-subjects（被试间）。总结而言，《出版手册》第6版表明，在实验心理学、实验设计或一些已成习惯的统计术语（如within-subject variance）中，我们仍可沿用“被试”一词。

5. 交代数据缺失情况及原因

对于缺失数据或未能完成实验的参与者，我们应该提供人数及原因（例如，他们

都是能力较差者)，让读者了解这些缺失数据，是否会影响结果的可信性。

6. 交代实验的严谨设计

实验设计是研究的核心蓝图，决定后续统计方法的选择，以及所得结论的效度，是研究成败的关键。所以，审稿人对这一部分非常关注。

虽然实验设计十分重要，但除少数设计特殊及精巧的实验外，不一定特别吸引读者留意。实验设计就像汽车的发动机，如果汽车很漂亮，没有人会留意并赞美发动机；但如果发动机有问题，那将是致命的。

实验室或现场实验一般都有实验设计，采用问卷或量表调查类的研究，则一般不写"研究设计"。

实验设计的内容示例如下：

本研究采用2关联性×3时间×2测验情境混合设计。自变量1关联性（被试内变量）分为两个水平：中关联和高关联（即关键诱饵）。自变量2时间（被试内变量）分为三个水平：立即、延迟半小时和延迟1小时。自变量3测验情境（被试间变量）分为两个水平：关键项目之前有1个学习项目和5个学习项目。

[杨治良，周楚，万璐璐，谢锐.(2006). 短时间延迟条件下错误记忆的遗忘. *心理学报*, *38*, 1-6.]

7. 注意实验的细节

对多数研究来说，下面四个问题是要注意及报告的。

- 实验设计的类型：本研究属实验、准实验还是相关类的研究？组间还是组内？是否用了多种测量？如果是，考虑到平衡设计了吗？这些做法合理吗？除了模仿前人的研究设计外，一般的实验设计不需要引用参考文献；如果是读者不熟悉的较特殊的研究设计，则需引用参考文献帮助读者更好地理解。
- 参与者在不同的实验条件中是如何分配的。
- 自变量是如何控制的。
- 因变量是如何测量的。

8. 特殊的实验设备须描述特征

标准的实验设备及操作步骤只需简短描述便可。实验中普遍使用的设备，如秒表、纸和笔等，无须提供详尽的使用方法或描述。特殊设备则要说明设备的型号、生产厂

家、生产日期、供应商的名称和地点等。例如，

采用 Neuroscan 公司生产的 ESI-64 脑电记录分析系统和 Ag/AgCl 电极帽。

使用德国 Brain Products 公司的 ERP 记录与分析系统。

仪器和试剂

第一抗体抗 NG 总蛋白单克隆抗体、磷酸化 NG 多克隆抗体、β-Actin 单克隆抗体、第二抗体辣根过氧化物酶标记的山羊抗兔 IgG 抗体、山羊抗鼠 IgG 抗体、BCA（bicinchoninic acid）蛋白检测试剂盒、全细胞裂解液（buffer）、硝酸纤维素膜（nitrocellulose filter, NC）均为 Sigma 公司产品，增强型化学发光系统（ECL）试剂盒购自美国 Pierce 公司。Gel. Doc 凝胶成像半定量分析系统购自 Bio-Rad 公司。

［李欢欢，林文娟，李俊发 .（2006）. 急性情绪应激对大鼠行为和脑神经颗粒素磷酸化水平的影响 . *心理学报*，*38*，576－582. ］

对于特别为某一研究而设计的仪器、工具等，我们需要在正文或附录，用文字、插图或者照片提供详细描述，以便让他人了解甚至重复验证结果。

9. 研究材料须提供来源或挑选方式

研究材料若包括音节、单词、句子、故事、画片、影片等，除交代来源或挑选方式外，还要说明呈现方式（视觉还是听觉）。例如，

刺激材料

我们通过预试对 161 条字谜的难度和趣味性进行等级评定，选取难度适中、趣味性较高的 140 条字谜作为刺激材料，其中 10 条作为练习程序的材料，剩下 130 条作为正式测试的材料（部分实验材料详见附录）。预实验的结果发现，对于较难的字谜，被试一般不容易想到答案，但是当提供正确答案时，他们一般都能在较短的时间内产生顿悟，例如，谜面“推开又来”，谜底是“摊”；对于较容易的字谜，被试容易猜到正确答案，当提供答案时，他们发现谜底与自己猜测的答案一致时就不会产生顿悟，例如，谜面“人人离座”，谜底是“庄”。所有字谜的谜面长度均在 14 个汉字以内，谜底均为一个汉字，采用 18 号宋体呈现于屏幕的正中央，出现在谜底中的汉字均为高频字。

［邱江，罗跃嘉，吴真真，张庆林 .（2006）. 再探猜谜作业中“顿悟”的 ERP 效应 . *心理学报*，*38*，507－514. ］

实验材料

384 张彩色面孔图片，男女各半，面孔表情呈中性，大小为 11. 01cm × 12. 07cm，使用 Photoshop 软件在每张学习面孔中间加上一个颜色词（“黑”或“蓝”），词颜色为黑色或蓝色，从而构成颜色、意思匹配或非匹配的两类刺激。224 张颜色词图片，大

小与面孔图片相同，底色为白色，中间所加的词与面孔图片一样，用于学习阶段与面孔图片混合出现，使被试不会将注意力集中在面孔上。

[孟迎芳，郭春彦.(2006). 内隐记忆和外显记忆的脑机制分离：面孔再认的ERP研究.*心理学报*，*38*，15-21.]

10. 尽量提供测验或测量工具的信度、效度指标

如果使用未公开发表的测量工具（例如，成就测验、态度量表、问卷、访谈提纲），应报告编制或修订的过程，还要尽量提供信度和效度的具体信息。

如果测量工具篇幅不长，可放在附录中说明，这样可以增加文章被引用的次数，让更多的人使用这一工具。如果由于太长而无法发表，则应告诉读者怎样索取，如登录某网站或直接联系作者。

在研究过程中若使用外语，应该予以说明。如果是将外文工具翻译，则应尽量提供翻译的详细方法、步骤［例如，采用回译（back translation）］以及翻译者的背景资料（例如，由两名原居民博士生回译），尽可能提供新翻译问卷的信效度资料。例如，

青少年互联网服务使用偏好问卷

我们用自编问卷。问卷收集了参与者的性别、年龄、年级等人口学变量内容，同时测量了参与者的互联网服务使用偏好。这方面的项目选自中国互联网络信息中心（CNNIC）的“用户经常使用的网络服务/功能”问卷，删除了其中与中学生无关的选项（例如，网上炒股等）后，最终互联网服务使用偏好问卷由17个项目组成，从“1，不喜欢”到“5，很喜欢”分5个等级计分。对这些项目进行因素分析，特征值大于1者共有四个，转轴后4个共同因素可以解释的总变异量为60.95%，分别命名为“信息”（浏览网页、搜索引擎等）、“交易”（网络购物、网上教育等）、“娱乐”（网络游戏、多媒体娱乐等）、“社交”（聊天室、QQ、BBS论坛等），各维度的内部一致性系数Cronbach's α 分别为0.804、0.792、0.713、0.800。

[修改自：雷雳，柳铭心.(2005). 青少年的人格特征与互联网社交服务使用偏好的关系.*心理学报*，*37*，797-802.]

如果使用已公开发表的测量工具，除了提供信度和效度资料，还要提供编制者的姓名和编制时间，或修订者的姓名和修订时间，简要描述其维度、形式以及可能的分数范围。对常用的工具，虽然没有必要详细描述，但也要让读者对大致情况有所了解。

友谊质量问卷

评价儿童与最好朋友的友谊质量，采用Parker和Asher的《友谊质量问卷》的简表，共18个项目，原问卷有40个项目，包括六个维度：肯定与关心、帮助与指导、陪伴与娱乐、亲密袒露与交流、冲突解决策略以及冲突与背叛。在本研究中，问卷六

维度结构的验证性因素分析结果表明：$\chi^2/df = 1.873$，GFI = 0.952，CFI = 0.940，IFI = 0.941，TLI = 0.923，RMSEA = 0.042，各项目的因素载荷都在0.34以上，问卷具有较好的结构效度和项目信度。

[周宗奎，张春妹，Y. Hsueh.（2006）. 小学儿童的尊重观念与同伴关系 . *心理学报*，*38*，232－239.]

11. 无须列出一般的指导语

除非指导语是非常特殊的，或者其本身构成实验操作的设计，否则只需对指导语做简要说明即可，而无须逐字写出。但对结果有影响或形成实验条件的指导语，如“尽可能快”或“尽可能准确”这类特殊要求，则应交代说明。如果指导语较长，可以放在附录中。

实验程序

整个实验程序分为学习和测验两个阶段，均在计算机上进行。

学习阶段先向被试呈现指导语：“这是一个记忆实验。在实验中，需要你记忆一些词表。每次会向你呈现词表中的一个词。你必须尽力记住每一个词。每个词表呈现完之后，需要进行为时2分钟的数学运算。然后，开始下一个词表的学习。所有词表都学习完毕之后，将测验你对词表的记忆情况。如果准备好了的话，就请按鼠标开始。”接下来依次在屏幕中央呈现学习词，呈现时间为2秒，间隔为0秒。当该词表中的15个词都呈现完毕之后，开始进行多位数加减法的数学运算，2分钟后，自动进入下一个词表。直到所有词表学习完毕。

学习阶段之后，进入再认测验阶段。指导语为：“在接下来的任务中，将依次向你呈现一些词，你需要判断它是不是你学习时看到过的词表中的词。如果你认为该词是刚才学习过的，即‘旧的’，就请点击屏幕上的‘学过’键；相反，如果认为是刚才没有学习过的，请点击‘未学’键。如果记不清楚，可以猜测。准备好了的话，请按鼠标开始。”测验阶段每个词的呈现时间为2秒，间隔为0秒，前后两个序列呈现的时间间隔为2秒。

[杨治良，周楚，万璐璐，谢锐 .（2006）. 短时间延迟条件下错误记忆的遗忘 . *心理学报*，*38*，1－6.]

12. 遵循伦理及道德原则

伦理道德因素是在研究的每个部分都需要重点考虑的因素，研究者需注意以下方面：

- 确保研究参与者理解研究要求以及他们的权利（如在研究进行中的任何时间，

他们都有权无条件地自由退出实验）。

- 得到参与者或年幼参与者的合法监护人（如家长）的同意。
- 确保顺利操作研究程序和技术设备，避免浪费资源（如参与者的时间）。
- 尊重参与者并保护他们的隐私和安全（如对研究数据保密）。
- 确保研究不会带来对社会的危害。

研究者除了在研究过程中要遵从伦理及道德原则外，在研究报告中，还应重点描述如何遵从这些原则，说明如何保障研究参与者的隐私和安全，例如：

- 对未成年人参与者，应表明是否已得到其家长的同意。
- 表明如何令参与者同意参加实验，如果有必要采用双盲法，具体如何实施。
- 表明如何让参与者理解在研究进行中的任何时候，他们都有权利退出实验而并不会因此受到威胁和惩罚。
- 表明对于可能会采用欺骗手段达成某个实验效果或可能影响参与者利益的研究（例如，研究需要在实验中刻意误导参与者，告诉他在智力测试中的答案错误），如何避免并尽量减小这种影响。例如，在向参与者介绍这项研究及完成研究后，如何向参与者解说（debrief）等。其中，为确保对参与者，尤其是个案研究中的参与者个人信息的保密，研究者需避免让读者猜到或知晓参与者的身份，包括个人、家庭、学校等资料。例如，不应描述：

> 参与者为2011年3月，在上海特大交通事故中，5名死难者的配偶。[错误范例]

美国心理学会提出四种常用手段，包括：

- 改变特征。
- 不提供某些特征。
- 增添背景资料以混淆（obfuscating）个案。
- 不提供个别变量得分，只描述合并分。

在改动资料时，研究者须小心，以免误导读者。例如，对某所小学学生的教育干预研究，若将参与者改为中学生以做保密，可能误导读者，令他们误以为这种干预方法对中学生有效。

13. 提供实验软件或统计软件的版本

研究如果借助计算机软件进行实验编程或数据分析，需报告版本信息。例如，

本研究采用SPSS 20.0及LISREL 10.0进行所有统计分析。

有些统计功能在不同版本中，基于不同的统计方程，得到的结果可能有差别。

第三节　撰写“方法”的常用实践技巧

1. 尽量详尽地介绍研究或实验

“方法”部分的写作关键是要叙述清楚，详细描述研究是如何进行的，应以读者能够理解、评价和重复该研究为准。实验程序、实验设备和其他工具性的内容都应详细介绍，问卷等工具应提供信度和效度。

“方法”描述不够详细会使读者留下疑问，过于详尽又徒增读者阅读无关信息的负担。那么到底应该详细到什么程度呢？我们可以假设他人读了研究方法，就可以把我们的实验完全重复做出来，能做到这一点就可以了。当然，并不是每个细节都要说明，约定俗成的做法或常规的内容就无须赘述。

2. 对变量提供操作定义

研究变量的定义可简单分为概念定义和操作定义。研究变量的概念定义经常在“引言”中用到，而操作定义则常见于“方法”部分，通常在设计、材料或程序中说明，并不一定要说出“操作定义”。例如，

尊重观念由《小学儿童尊重观念问卷》测得。同伴关系由同伴提名和同学社交测量提名测得。自变量 2（被试内变量）为时间，分为三个水平：立即、延迟半小时和延迟 1 小时。执行功能体现为维度变化卡片分类任务和手部游戏的成绩。

对变量进行定义需注意：

- 研究假设、目的或问题中的所有变量都应该被定义。
- 控制变量也应该被定义。
- 每个概念定义都应有一个相应的操作定义。
- 操作定义应充分具体，以便其他研究者进行重复研究。例如，字母命名能力实验应说明字母大小与颜色、呈现位置与呈现时间、屏幕尺寸等。

3. 参与者人数要满足统计要求

一般来说，样本量越大越好，不过每一种研究的特性不同，不同的研究领域有其相应的习惯及要求，例如，对于追踪研究或基于幼童的研究，收集数据较为困难，故

也接受较小的样本量。

4. 可用表格描述参与者的特征

如果参与者的特征较多，可考虑列表（参见表8.1），有需要时可加百分比，使读起来更容易。

表8.1 *研究3 企业调查参与者背景*

参与者特征	企业性质				总计
	国有	集体	民营	外资	
人数	190	29	46	77	342
性别					
男	115	14	21	31	181
女	75	15	25	46	161
年龄（岁）					
18～25	75	17	31	49	172
26～30	70	9	9	23	111
31～35	31	3	4	4	42
36～40	8	0	2	1	11
41及以上	6	0	0	0	6
学历					
初中及以下	2	1	1	0	4
高中、中专	93	11	30	30	164
大专	64	12	9	21	106
本科	29	5	5	26	65
硕士及以上	2	0	1	0	3
部门规模（人）					
1～4	6	9	10	16	41
5～9	13	11	19	19	62
10～14	23	22	38	23	106
15～20	24	4	41	15	84
21～30	11	1	5	6	23
30及以上	3	2	3	18	26

5. 研究程序应按步骤来说明

标准研究的步骤可以省略。但对一些关键分组方法（例如，按前测得分，随机分为3组）、指导语（例如，所有题目只涉及个人意见，没有正确答案）及实验步骤操作，应该详细描述。在实验设计步骤中使用随机化、平衡抵消或其他实验控制技巧，亦需具体说明。

实验程序

我们采用参与者自定步速逐分句阅读的听觉移动窗口范式。当实验开始时，屏幕上首先呈现“+”号。被试按空格键，开始以听觉方式呈现前半句，如“阿朱出卖了阿莲”；再按空格键，呈现后半句，如“因为她很无耻”。被试继续按空格键，呈现问题，如“谁很无耻?”。声音结束后，屏幕中央出现两个人名，要求被试按键做反应。按 F 键表示选择左边的人名，按 J 键表示选择右边的人名。两个人名的左右位置做了被试内平衡。得到反馈后开始下一次试验。采用 E-Prime 软件进行刺激呈现与实验过程控制，计算机自动记录被试对每半句的阅读时间和按键反应。被试在正式实验前均先练习 8 个句子以熟悉实验程序。

[申敏，杨玉芳 .（2006）. 动词隐含因果性和重读对代词加工的影响 . *心理学报*，*38*，497－506.]

实验设计及程序

研究分两阶段进行，所有儿童接受所有任务测试。两阶段均由同一名女主试对儿童单独进行测试。中间间隔 1 周左右。第 1 阶段测试内容是 DCCS 任务、膝跳反射及错误信念任务。第 2 阶段测试内容是手部游戏，再次测试儿童的 DCCS 任务，并使用韦克斯勒智力量表言语分量表考察儿童的语言反应能力。第 2 阶段的 DCCS 任务的维度转换与第 1 次相反，以此确保在维度转换难度不同的情况下，仍能保证每个儿童进行了一次高执行要求的任务。任务的顺序在每个阶段遵从拉丁方设计以平衡顺序效应，即每一阶段有三个不同顺序，随机呈现给每个儿童，每个阶段持续 15 分钟左右。

[修改自：廖渝，吴睿明，P. D. Zelazo，李红，张婷，张莉，……李小晶 .（2006）. 意外地点任务中不同测试问题及意图理解与执行功能的关系 . *心理学报*，*38*，207－215.]

6. 方法与以前的研究相同，简要说明即可

如果论文只是以前研究的延伸，而且研究方法在已经发表的论文中详细地介绍过了，则在本论文中只需略述方法，通过注释指引读者到相关文章去参考详细步骤。

如果一篇研究报告的几个序列实验的方法都类似，则在实验二及后续实验中注明“方法同实验一”，然后仅补充后续实验中步骤独特的部分。例如，

实验材料

采用孙燕、舒华、周晓林、郑先隽（2001）研究中的主语型动词和宾语型动词各 18 个。

[修改自：申敏，杨玉芳 .（2006）. 动词隐含因果性和重读对代词加工的影响 . *心理学报*，*38*，497－506.]

实验材料

42幅图片，均选自经过张清芳和杨玉芳（2003）标准化后的图片库。

［印丛，王娟，张积家.（2011）. 汉语言语产生中语音、字形启动的位置效应. *心理学报*, *43*, 1002-1012.］

课后练习及解析

练习1

杭州市城区2所幼儿园的302名托班幼儿（平均年龄=41.7月，男170名，女132名）参与研究（i）。295名初次入园，7名入园前参加过短期亲子班。母亲平均年龄为30.3岁，大专以上学历占80.4%。第1次测试在入园3个月时进行。教师填写问卷，研究人员培训教师协助家长填答问卷（ii）。10个月后，针对其中的169名幼儿进行第2次测试（iii）。工具包括亲子关系量表（Goldberg, 2004）和儿童行为量表（Moser, 2000）（iv）。

针对上述材料，以下说法哪些正确，哪些不正确？

（i）没有交代参与者的取样方式。

（ii）没有列出对参与者家长的指导语。

（iii）没有解释参与者人数。

（iv）没有提供测量工具的数据。

解析

（i）不正确。从叙述中可见，研究采用了方便取样的方式。（见：第二节　1. 提供参与者的选取办法）

（ii）不正确。从叙述中可推测，参与者家长只需负责填写一份问卷，而并非任何特殊实验操作，因此指导语无须特别交代。

（iii）正确。人数差异甚大，应该交代数据缺失的原因。（见：第二节　5. 交代数据缺失情况及原因）

（iv）正确。研究采用了已发表的测量工具，应简短地描述维度、形式等测量工具数据。（见：第二节　10. 尽量提供测验或测量工具的信度、效度指标）

练习2

实验参与者为六年级小学生（45名）、初二学生（30名）和大学生（31名），分别随机取自同一所小学、中学与大学（i）。所用的材料为2个故事，故事中有2名儿童作日常交谈，分别为谎话及直率（真话）对话（ii）。故事进行了随机的顺序安排。

学生用红星数量（1 至 5 颗）表示对故事主角行为的赞同程度（iii）。完成计分后，我采用 LISREL 9.1 进行统计分析，并将结果汇入 Excel（iv）制作成图表。

针对上述材料，以下说法哪些正确，哪些不正确？

（i）应更详细地解释参与者的特性。

（ii）应提供具体故事。

（iii）详细工具可放在文章附录中。

（iv）应提供其版本信息。

解析

（i）正确。需改善，提供更详尽的特性。（见：第二节 2. 描述参与者的特征）

（ii）正确。需要更详尽的材料，或将其放于附录。（见：第二节 9. 研究材料须提供来源或挑选方式）

（iii）正确。未公开发表的工具，必须更具体描述或放在附录中。（见：第二节 10. 尽量提供测验或测量工具的信度、效度指标）

（iv）不正确。对于常用而非特别的软件，无须提供版本信息。（见：第二节 13. 提供实验软件或统计软件的版本）

第九章

研究结果

关键问题

研究结果应该包括什么内容？

如何编排结果的内容？

如何在结果中安排及报告数个互有关联的小研究？

如何在结果中加插小标题？

如何在结果中报告各项描述性或推论性统计？

如何在结果中安排文字、统计量等内容的次序？

可否在结果中报告人口学信息、参与者的分组、测验信效度等资料？

可否在结果中展开讨论？

第一节　“结果”的内容

呈现研究结果就是对数据进行统计分析，用文字、数字、插图、表格的形式把结果报告出来。展示凌乱的原始数据，容易令读者“只见树木，不见森林”，难以把握结果。因此，除了极小样本的研究外，我们无法也无须报告研究内每个参与者的原始数据，一般来说，只要报告描述性数据（如平均数和标准差）就可以了。若有必要，可考虑摘录部分原始资料（如访谈中的重要对话），放于附录。

论文中的研究结果应该是经整理、综合、易于理解及分析的，原则是让读者了解研究者的发现，即研究结果或数据是否支持研究的假设。

在报告我们所进行的分析及结果时，应用词准确、表达清晰，并尽量包含足够的资料和信息。

第二节　编排“结果”内容次序的规则

在编排结果内容的次序时，要考虑的因素包括以下几点。

（1）尽量围绕研究假设、目的或问题。如果有多个研究假设，那么研究结果的呈现次序，一般与前面提出的假设次序保持一致。如在方法部分的顺序是“甲、乙、丙、丁四类测试”，结果部分也应是如此次序。即使没有研究假设，研究结果的呈现次序也要符合说明问题的逻辑。

（2）先展示描述统计，再报告推论统计。描述统计（如平均数、标准差）是推论统计（如方差分析、t 检验）的基础，推论统计是在描述统计的基础上进行的，所以，应先叙述描述统计，后叙述推论统计。

对于连续数据，先报告集中趋势和变异量（通常是平均数和标准差），再报告推论统计的结果（如 t 检验）。在呈现相关矩阵前，也应首先提供平均数和标准差。对于类别数据，应提供频次和百分比，然后再表述推论统计结果（如卡方检验）。当然若需要展示的统计结果及表格比较多，则只能保留推论统计的结果。

（3）按重要性和主次排序。在不影响多个结果之间逻辑关系的前提下，应该先报告最精彩的结果，关键是尽量讲出一个动听且富有吸引力的故事。也就是说，我们不按统计分析的顺序做流水账报告，而是按照故事的顺序，切入主题，把最重要的结果先报告出来，然后再报告一些次要的结果。

当然，上述的考虑因素可能出现冲突，导致不同的编排次序，如何取舍反映了作者的风格，也受具体研究问题的影响。不过，一般来说，往往先报告一些基本的数据信息，如问卷的信度、因素分析及性别差异等，这在逻辑上需先行报告，并无多大争论，接下来我们应主次分明，按逻辑关系及重要性去铺排其他的结果。

第三节　撰写“结果”的常用实践技巧

1. 先描述再回答研究问题

在“结果”部分，我们一般先进行描述性的分析，呈现一些简单的均值或二联表等，例如，我们列出参与者在不同年级的人数及得分（均值及标准差）。这部分主要是让读者对数据及变量有一个初步的感觉及认识。然后我们才对研究内的问题，逐一进行特定的分析。

假设研究包括两个主要问题，结果部分可包括三个小标题，第一个是初步的描述性分析，这部分可以不加小标题，接着我们用两个小标题，分别去回答两个主要的研究问题。当然若每个问题所涉及的内容均十分简短，则无须在“结果”部分加小标题。

2. 逐点报告涉及显著性检验的分析

（1）研究问题。例如，

本研究旨在了解男女在创造力测验上的差异。

四类课程的成效差异是本研究的重点。

（2）所采用的统计方法。例如，

我们采用3年龄组×2性别的方差分析。

我们采用多元回归方法。

我们采用探索性因素分析。

（3）数据分析的自变量及因变量。例如，

在回归方程中，性别、年龄及前测得分为预测变量，实验中的反应时为因变量。

在方差分析中，测验条件为被试内自变量，性别为被试间自变量，而测验成绩为因变量。

（4）数据分析涉及的重要细节。例如，

我们采用主成分分析，正交旋转，抽取特征值大于1的因子。

在协方差分析中，我们将年龄作为协变量，以控制年龄的影响。

3. 尽量先用文字叙述结果，再报告统计量

（1）对简单分析，可先写结果，辅以统计量。例如，在报告每一部分的结果时，先叙述结果，后叙述统计量，即先文字，后数字。报告统计数据之前的文字，有助于说明这些数据统计和研究假设之间的逻辑关系。

单纯基于统计量的叙述比较呆板，令读者较难理解。例如，

进行了2性别×2心境状态ANOVA，性别不存在主效应；$F(1, 99) = 0.20$，$p = .656$。但心境存在主效应；$F(1, 99) = 7.87$，$p = .006$。快乐的人比悲伤的人心境更生动。性别和心境交互作用不显著；$F(1, 99) = 0.40$，$p = .529$。[错误范例]

应先用文字进行描述，再写统计数据；描述时尽量使用最接近生活的词语，以便读者更容易理解。例如，上面的结果可考虑改为：

在是否能够生动回忆童年期的分析中，我们以回忆生动程度为因变量进行了2性别×2心境状态ANOVA。结果表明，男女生回忆的生动程度没有显著差异；$F(1,99) = 0.20$，$p = .656$。然而，本研究最主要的发现是，与悲伤的人相比，快乐的人能报告出更生动的回忆，$F(1,99) = 7.87$，$p = .006$。但心境对生动程度的影响，在男女生中相同，交互作用并不显著；$F(1,99) = 0.40$，$p = .529$。

回归分析表明，随着年纪越大，参与者的反应越慢；$\beta = -.453$，$p = .004$。

t检验显示受训练者（$M = 48.30$）的答对率，比控制组（$M = 35.13$）要高；$t(150) = 18.27$，$p = .042$。

须留意在文字描述方面，尽量不用统计术语（例如，不用“性别不存在主效应”“年龄有负向效应”），也避免用变量名（例如，不用“学业成就动机”“反应时”），而尽量用更接近日常用语的概念内容（例如，“年幼的学生更有兴趣学习”“年纪越大则反应越慢”）去描述关系。当然，如果日常用语会引起混淆，则必须用更准确的变量名称。

（2）对较复杂的分析，可先解释分析步骤及统计量，再报告结果。例如，

多元回归分析表明，年龄及年龄×前测得分的效应显著；前测得分、年龄、前测得分×年龄对应的$\beta = .414, .021, .245$；$p = .003, .212, .014$。我们进行简单斜率（simple slope）检查，在图上画出年龄（标准分）$= \pm 1$及0，前测得分（x）对后测得分（y）的影响（3条直线）。结果表明，前测表现越好的学生，后测得分越高；这种趋势在年长的组别中较年轻的组别更为明显。

4. 先呈现行为指标的数据，后呈现生理指标的数据

在生理心理学或认知神经科学的文章中，如果既有行为实验的数据（如反应时），又有生理指标的数据（如脑电指标），在一般情况下，应先呈现行为指标的数据，后呈现生理指标的数据。

5. 检查实验设置或干预是否有效

我们还需要说明研究设计的内部信度，因此对于实验处理及干预类型的研究，我

们应报告实验设置及干预是否恰当及成功。例如，向参与研究者呈现两种不同（富有竞争性或休闲性）的影片，比较两种影片对参与研究者情绪的影响。在这个实验中，研究者可以报告事后参与者对影片的主观感受，以确认设置的影片确实具有竞争性或休闲性的气氛。这样，研究的进一步推论（例如，两种类型的影片对参与者情绪产生了不同的影响）才能得到支持。

6. 将人口学信息、参与者的分组、测验信效度等资料放在“方法”部分

一些研究者考虑到“结果”部分较短，为了结构上的平衡，把人口学信息、参与者的分组情况、测验的信效度等，放在“结果”部分，这样的安排是不合适的。不过，如果某研究的重点是问卷的信效度，那么这部分的资料当然应放在“结果”部分。

7. 避免使用“证明”等表述

严格来说，所有的研究都不可避免地存在缺陷，所以，简单来说，要推翻某个命题比较容易（例如，举一个反面的例子），但要“证明”（prove）某一命题，从更严谨的角度来看，并非易事。因此，在研究结果部分，要避免使用“证明”了什么。因为实证研究是在某一条件下完成的，难以证明什么，只能说明某种结果正确的可能性较大，或研究证据支持某一结论。例如，

研究结果显示学生采用图像协助记忆，效果比单用文字更好。

不应写成：

研究结果证明学生采用图像协助记忆，效果比单用文字更好。[错误范例]

8. 避免在“结果”部分讨论结果的潜在意义

在“结果”部分，我们只说明特定的参与者在特定的实验条件下所得出的特定的研究结果，对这些结果的解释或推论应放在“讨论”中进行。

虽然我们应避免在“结果”部分去阐释结果，但仍可用简单语句，将前人的研究结果与当前的研究结果进行对照，令读者在“结果”部分就知道该结果与前人的研究结果是否一致。例如，在“结果”部分，我们可以写：

与过往大部分文献结果相符，女生的语文成绩（$M=4.63$, $SD=0.74$）比男生……不过，与过往文献结果不同，在“信息技术”一科中，男生……

对于一些极简短的研究报告（如1 500字以内），期刊编辑可能要求我们将“结

果”与“讨论”合并。

9. 用小标题使“结果”层次分明

如果结果较多，应用小标题把各种结果有系统地按层次分开呈现；如果结果较短，就不必列小标题。

如果结果和讨论都较少，是一篇简短报告，可以考虑把“结果”和“讨论”合并在一起。

10. 注意包含多个子研究的文章

如果文章是由几个紧密相连的子研究所组成的，我们可以用“研究一”“研究二”等做标题，每个子研究内有其独立的方法、结果与讨论部分，很多时候，因每一个子研究的讨论都较为简短，我们可以将同一子研究的“结果”与“讨论”合并。

在文章的开始部分，我们应详细解释各子研究之间的关系，并且在文章的结尾将多个子研究的结果综合起来，再做详细的分析、讨论和总结。

课后练习及解析

练习 1

我们运用 McNemar 检验考察时间距离为分别为 1、3、10 年时，不同概率下的风险倾向。具体结果见表 1，可以发现，当时间距离为 1 年时，风险行为效应显著（$p=.032$）(i)，但在其余实验条件下，该效应均不显著（$p=.061$）(ii)。

我们以风险倾向为因变量，以故事、框架以及相互作用为协变量，进行 logistic 回归分析。结果发现，故事与框架之间的交互作用达到显著水平（$p=.006$）(iii)。

研究结果符合“框架效应现象”，与何宗星（2002）的研究结果不一致（iv）。

针对上述材料，以下说法哪些正确，哪些不正确？

（i）用了太多统计术语。

（ii）先陈述统计数据再以文字分析，读者较难掌握逻辑。

（iii）欠缺小标题，读者较难掌握思路。

（iv）这是“讨论”，不应放于“研究结果”之中。

解析

（i）正确。应尽量使用日常用语。（见：第三节　3. 尽量先用文字叙述结果，再

报告统计量）

（ii）正确。文字先于统计数据，较易理解。（见：第三节 3. 尽量先用文字叙述结果，再报告统计量）

（iii）不正确。小标题虽然有助于读者掌握思路，但对简短的结果则并非必需。（见：第三节 9. 用小标题使“结果”层次分明）

（iv）不正确。在“研究结果”中简单对照前人结果是可以接受的。（见：第三节 8. 避免在“结果”部分讨论结果的潜在意义）

练习2

实验是混合设计，I（兴趣）和S（句子）为组间因素，用MANOVA分析（i）。

兴趣测量信度：整个兴趣问卷，α信度（一致性）为.91，与Bergili（2012）情绪量表的相关为.87(p=.008)(ii)。

兴趣对理解文章的作用：学生兴趣与家庭藏书量存在极高显著（iii）的相关（r=.30, p=.012），证明购买书籍可提高兴趣（iv）。

针对上述材料，以下说法哪些正确，哪些不正确？

（i）应如其他段一样加上小标题。

（ii）既可放于“研究方法”部分，也可放于“研究结果”部分。

（iii）不应用“极高”一词。

（iv）“证明”一词并不合适。

解析

（i）不正确。第一段是初始描述，不一定要加小标题。（见：第三节 1. 先描述再回答研究问题）

（ii）不正确。问卷只是工具而不是研究对象，因此不应放于“研究结果”部分。对简单工具特性的介绍应放于“研究方法”部分，复杂分析及关系可放于“研究结果”部分。（见：第三节 6. 将人口学信息、参与者的分组、测验信效度等资料放在“方法”部分）

（iii）正确。只能用“显著”或“不显著”。

（iv）正确。用“证明”一词，要十分小心。很难严谨“证明”，只能支持某结论。（见：第三节 7. 避免使用“证明”等表述）

第十章

讨论及结论

关键问题

讨论及结论部分应该包含哪些重要内容？
讨论及结论部分的首段应该写些什么？
如何使讨论与引言或研究问题呼应？
讨论中可否添加文献综述？
讨论中可否引入新的数据分析及结果？
可否在讨论中重复一些统计数据？
如何带出研究结果的意义？
如何撰写局限及提出合理解释结果的其他理论？
如何撰写研究的实际应用及其启发？
最后的总结应该包含什么内容？

第一节　讨论及结论的内容

讨论及结论部分的重点包括评价研究结果（例如，与前人结果的异同，是否验证了研究假设）、解释研究结果的意义、从理论上对有关结果进行讨论、探讨所得结论的有效性，以及从结果进行推论（例如，应用结果，进一步的研究）。讨论及结论部分往往能反映一个人的研究功底，体现研究者视野的广度和思考问题的深度。

第二节　撰写讨论及结论的规则

1. 区分结果、讨论和结论

结果、讨论与结论可以是三个独立的部分，依上述次序排列；有些期刊则将讨论与结论合并成“讨论及结论”一节，也有一些期刊让作者自行决定，是否将讨论与结论分为两部分。

部分期刊刊载一些简短的报告，讨论可能相对简单，无法进行更深入详尽的分析。在这类报告中，编辑可能要求作者将“结果”与“讨论”合并在一起称为“结果与讨论”。

当讨论与结论合并成一节时，根据行文的方便，结论可以放在讨论部分的开头，即简洁地总结最重要的结果，作为这一节的第一段（或数段），然后才讨论。最后一段可以是研究展望等内容，但不再重复最重要的结果。

如果研究结果简单，在“讨论及结论”一节内，作者也就无须先总结主要结果，而是在开始先讨论各要点，最后有需要时，再在文章结尾简单总结研究的主要发现及结果。无论这“总结”是“讨论及结论”的一部分，还是单独作为一节放在论文的最后（成为“结论”放在“讨论”一节的后面），结论都应该是考虑了结果及各项讨论要点后，再做一个总结，在内容上避免重复上文。

2. 无须重复结果

“结果”部分已经用统计分析说明研究假设是否得到验证，在“讨论”部分就没有必要再重复细节，只需要把重点强调即可。

3. 不宜包含文献综述

一般来说，在“讨论”部分不宜做大篇幅的文献综述。“讨论”部分用于对研究结果进行评论，并解释结果的意义和对结果进一步推论。文献应尽量合理地安排在综述部分，而非放在“讨论”部分。

如果在写讨论时，觉得某些未曾引用过的文献有助于解释结果，而且放于“讨论”更为合理，那么在讨论中引用也不能说绝对不可。

4. 不应引入新的数据分析及结果

所有研究数据的分析及结果都要在研究结果部分中叙述完整。尽量不要在“讨论”部分引入新的数据或分析。

5. 不应再次重复统计数据

无论任何情况，推论统计的数据（例如，F 值、t 值、p 值）一般不要在“讨论”

中重复，如果读者有兴趣，可以到“结果”部分中去找。

有时，为了强调某一结论，仅重复一下简单的描述统计也是可以的。例如，

熟练组的反应速度（$M_{反应时}=157$ ms）远快于新手组（274 ms）。

第三节　撰写讨论及结论的常用实践技巧

1. 写好首段

许多研究报告的“讨论”部分都首先以几句或一段话，总结整个研究中最重要的结果。总括性段落可以引导读者更好地理解后文的讨论。例如，

本研究通过三个实验，考察了义符对中文名词和动词分类的影响。结果表明，义符与词类一致的词比无义符标记的词分类快，义符与词类相反的词分类最慢。义符对名词和动词分类都有影响，但对动词影响更大些。动词比名词分类快些，高频词分类比低频词快，高具体性的词分类比低具体性的词快，错误率亦低。义符作用对低频词影响更大，却不受具体性高低影响。这些结果可做如下解释。

[张积家，方燕红，陈新葵 .（2006）. 义符在中文名词和动词分类中的作用 . *心理学报*，*38*，159－169.]

由本实验结果得出以下结论：

（1）暴力电子游戏能够产生短期脱敏效应。在接触游戏 15 分钟后，与非暴力游戏组相比，暴力游戏组观看暴力视频过程中生理唤起的水平更低。

（2）游戏的接触方式（主动参与游戏和被动接受游戏录像）对于脱敏效应没有显著影响；但对于内容完全等值的游戏，主动组知觉到更低的沮丧与更高的愉快程度。

[郭晓丽，江光荣，朱旭 .（2009）. 暴力电子游戏的短期脱敏效应：两种接触方式比较 . *心理学报*，*41*，259－266.]

本研究结合听觉动窗法和跨通道探测词再认法，考察了动词隐含因果性和重读对口语句子理解中代词加工的影响及其时间进程。下面将先从最先提及效应、动词隐含因果性对汉语口语句子理解中代词加工的作用及其时间进程两个方面对结果进行讨论，然后在此基础上讨论重读对代词加工的作用以及动词隐含因果性、重读、最先提及效应三者在汉语口语句子理解中的相互作用。

[杨玉芳，黄贤军，高路 .（2006）. 韵律特征研究 . *心理科学进展*，*14*，546－550.]

上面的数据综合显示了儒家式应对有利于心理健康。那么，它是如何有利于心理

健康的呢？这里从内容和机制两方面进一步讨论。

[景怀斌.(2006). 儒家式应对思想及其对心理健康的影响. *心理学报*, *38*, 126-134.]

如果讨论很短，则没有必要在一开始再写一段总括性简介。

2. 呼应前文

在“讨论”中，应与前文（“引言”“文献综述”或“问题提出”）提出的研究假设或研究问题相呼应，说明研究所得到的结果是否支持前文所述的研究假设，解释研究结论是如何被验证的，并说明研究使用的方法和所得结果是否足以验证研究假设。同时，在“讨论”中，还需要指出本研究结果与前人研究结果相比一致及不一致的地方，并做出解释。

对于不是预料之中的结果，即研究假设未能得到支持的，我们应首先严格检查研究本身。比如，考虑是否因为实验设计存在缺陷（例如，实验材料是否符合实验要求、变量水平分级是否恰当），或因为在提出研究假设时出现了逻辑推理错误。其实在很多时候，意料之外的结果往往也有意义，这些“巧遇”可能带来意外的引人入胜的收获。同时，这意料之外的“不一致”，也可以引导人们重新思考或质疑前人的研究结果及理论。

3. 可报告研究的内部效度和外部效度

研究的内部效度是指研究的设计、材料、过程和结果的可靠性，以及对其他解释可能性的排除程度（例如，如果参与者的分配并不是随机的，组间的可比性就受到影响）。也就是说，在推论研究变量之间的关系时，这个推论在多大程度上是可靠的。实验处理的设置、参与者的意外流失（如死亡）、实验材料或研究工具的选用、实验者效应等因素都可能会影响内部效度。

研究的外部效度是指该研究结论应用到其他情境中的有效性，即研究结果的可推论性或适用性；或者说，一个研究所得的结论在多大程度上可以被推广到不同的人群、环境和时间条件。

虽然在“讨论”部分不必全面地、系统地报告本研究的内部和外部效度，但它们可以成为“讨论”部分的重要内容。

4. 说明研究结果的理论或实践意义

研究的理论意义在于构建了什么样的理论，是颠覆还是完善了前人的理论，能够给人们对已有的现象增加哪些新的认识或新的解释；实践意义在于该研究结果对社会、家庭、职业、生活或某个环节有什么改进。注意要有具体的论述，例如，

本研究的实践意义在于掌握了共享心智模型的发展规律，可以有针对性地制定相关的培训方法和策略，帮助团队加快共享心智模型的达成，从而优化团队绩效。但对研究结果的推广需要注意几个边界条件。第一，本研究所采用的实验任务具有高时间压力和成员高互依性两个特点，这可类比于消防队。目标团队的作业也应具备这些特征。第二，参与实验的团队属于临时团队，完成任务后即行解散。这和时间跨度较长的团队有很大的区别。但现实工作世界中临时团队也较为常见，如执行一次飞行任务的机组、完成一个手术的手术组等。第三，应该将参与本实验的团队看作刚组建团队，所得到的结果不适用于历史相对较长的团队。

［白新文，王二平，马达飞，周莹，任婧 .（2006）. 团队作业与团队互动两类共享心智模型的发展特征 . *心理学报*，*38*，598－606. ］

不要只说空泛的而没有实际意义的话，例如，

本研究有重要的理论意义和实践意义。［错误范例］

本研究填补了……空白。［错误范例］

这一研究方法处于国际领先地位。［错误范例］

5. 说明研究局限、缺陷及其他解释的可能性

研究局限是“讨论”的重要部分，我们应在“讨论”部分中说明研究的局限性。局限包括研究设计、方法、取样、参与者的性质、刺激的类型、只在某种情景下的观察（如在悠闲情况下的表现及反应）、统计方法等方面的局限。写出本研究的缺陷，能令读者更全面地了解结果的适用性。

在“讨论”中，我们可以根据别人的理论或自己提出的理论，对结果进行解释。除此之外，还要考虑是否还有其他理论亦能做出合理的解释。指出研究的缺陷示例如下：

当然，本研究仍然存在一些局限性，员工工作满足感及对工作表现的自我评价都来自同一员工的调查问卷，由工作人员依主观感受回答，这样极有可能会产生同源偏差（same source bias）或共同方法变异（common method variance）的问题。例如，满足感高的员工可能会错误地偏高评估自己的工作表现。然而，部分学者认为同源偏差或者共同方法变异并不一定会对结论造成重大的影响。本研究采用了交叉验证（cross-validation）的方法，同时收集雇主对员工的表现评价，在一定程度上能确保研究内各变量的构念效度，弥补共同方法的不足。

[李超平，李晓轩，时勘，陈雪峰.(2006).授权的测量及其与员工工作态度的关系.*心理学报*，*38*，99-106.]

本研究的不足之处在于，被试为了参与实验而临时组建成团队，完成若干任务后即行解散，并且团队运作的时间很短，这可能制约了共享心智模型发展的可能性。所以本研究的结果还需要在真实现场研究中加以验证。此外，团队成员通过互动会提高彼此的了解以及对团队作业总体的理解，这可能是共享心智模型发展的内在机制。但本研究没有直接测量团队互动水平以及完成作业前后成员间相互了解程度的变化。后续研究应该关注团队过程变量和共享心智模型发展的关系，以更进一步探讨共享心智模型发展的内在机制。最后，本研究主要关注团队成员心智模型的一致性是否会随着团队运作时间的推移而提高，忽略了共享心智模型的正确性。随着团队运作时间的增加，团队成员心智模型能否在越来越一致的同时也越来越正确呢？这一问题还留待以后继续探讨。

[白新文，王二平，马达飞，周莹，任婧.(2006).团队作业与团队互动两类共享心智模型的发展特征.*心理学报*，*38*，598-606.]

6. 展望具体研究方向

“讨论”还包括对未来研究方向的展望，但不要泛泛而谈，应越具体越好。因此，未来研究展望中不要写适用于所有研究的建议，如“扩大样本量”“扩大参与者的选择范围”“综合运用多种方法”“考虑纳入（以前研究没有的）变量”等，均是欠佳的建议。

7. 总结研究的贡献

虽然作者认为自己的论文有创新，但不能单靠自己的评价，还需要向其他人说明及推介自己的研究确实有创新，让别人接受自己的观点。就像一次开庭审判，面对一个由其他相关研究者、期刊编辑、审稿人组成的陪审团，研究者自己就是一名辩护律师，对研究的结果和未来发展进行评判推论。这就需要把材料串在一起，把数据和观点联系起来，驳斥反方的观点，做出不同的解释，证明研究的有效性和研究的价值所在。

8. 应集中于研究主题

论文要有主题，讨论也应集中于主题。除非某种意料之外的结果与你的研究没有直接关系却又很有意思，这时可以少量论述。如果意料之外的结果很重要，甚至比研究主题还重要，占据整个“讨论”的绝大部分篇幅，那就要考虑在文献综述中加插恰当的伏笔及论述，甚至修改研究文题及重点，以引导出这一结果。

9. 解释要基于研究数据

在“讨论”部分解释结果，说明其中的原因或机制。解释要基于研究数据，不要撇开研究数据毫无根据地解释。虽然意料之外的结果更需要解释，但脱离数据的不合理的解释，对读者理解“异常”的结果毫无帮助。若真的无法解释，应尽量指出日后可以研究解答的方向。

10. 推论要恰当

研究者当然希望来自样本的结果能推论至广泛的对象及情况。但我们应小心推论，不能过度，不要把从特殊人群中得到的结论过分推广到一般人群。如果样本能代表总体，由样本中得到的结论可以推论到样本总体。不过从小学生样本中得到的结论，极可能只适用于小学生，尤其是当不同样本（如小学、中学、大学生）在研究范畴内有明显差异时，我们就不能简单地推论到儿童或大学生。同理，农村样本也不能随便推论到城市。

11. 行文富有趣味性

颇多研究结果是以下述方法陈述的，例如，

本研究的目的是探讨……预期的结果是……最重要的三个发现是……

有些研究支持……因为……但它们之间并不一致。本研究结果支持……

期待结果 X，结果却是 Y。

在研究之初，确信结果 A 支持观点 B，但后来发现观点 C 或 D 也能获得支持。

毋庸置疑，“讨论”部分必须包含主要结果、讨论、研究局限、展望等内容，所以常见上述各种陈述方法。不过如何将研究问题、方法、结果、讨论等系统地、条理清楚且富有趣味性地进行阐述，确实是一种艺术。理顺一个清晰的“故事”主线，以吸引读者的兴趣，也是决定文章质量及增加被他人引用机会的关键。

12. 提供实用启示及信息

每个研究应有一些主要及较重要的假设、启示、信息（take home message）或结论作为文章的主轴，令读者印象深刻。读者能从整个研究的众多琐碎的假设或结论中，学到一些十分有用的知识。

13. 最后对研究进行总结

全文最后需要做出一个总结，但不是把摘要简单地抄写下来，而是应该总结最重要的结果及内容，或整篇文章的最重要的信息。

本研究通过三个系列实验，深入探讨了文本阅读中协调性整合发生的具体机制，研究结果表明，当前信息跟先前信息有语义相关时，可以引发信息激活，但只有当前信息跟先前信息有事件相关时才会发生信息整合；另外，协调性整合是一种自动化的过程，读者在文本阅读过程中不能意识到这种信息整合方式的发生。

[王瑞明，莫雷，李利，金花 .（2008）. 文本阅读中协调性整合的发生机制 . *心理学报*，*40*，1165－1177.]

本研究支持了有关随机序列偏向的格式塔理论解释，认为人们在产生随机序列近因效应时需要经过两个阶段：首先，阶段一中人们根据相同结果是否连续出现来“切分”序列，把序列中最近呈现的一次或几次结果知觉为一个整体来看待。其次，阶段二中人们根据阶段一所切分的认知单元的不同情况做出不同预期——在最近硬币相同结果非连续呈现时，人们大部分情况下能做出理性的预期；在硬币的相同结果连续呈现且最近1次猜对时，对下一结果的预期出现正近因效应，但是最近几次连续猜对时谬误减少乃至消失；在硬币的相同结果连续呈现且最近1次猜错时，对下一结果的预期出现负近因效应，而在最近几次连续猜错时负近因效应受到的影响不大。

[杜秀敏，张庆林，曾建敏，崔茜，罗俊龙，阮小林 .（2008）. 热手谬误? 赌徒谬误? ——随机序列知觉中近因效应的格式塔现象研究 . *心理学报*，*40*，853－861.]

在已有两人TTT游戏的基础上，本研究开发设计了三人TTT游戏，并编制成计算机软件，在集体问题解决框架下，探索了解题者的知识、惯例与绩效的关系，主要结论如下……Simon曾在自传中指出：“河内塔对于认知科学……就像大肠杆菌对于遗传学一样，是一种无价的标准研究标本。”同样，基于集体问题解决的组织研究也需要找到一种合适的实验研究标本。我们相信，TTT游戏可以成为这样一种研究标本。

[王建安，张钢 .（2008）. 集体问题解决中的知识、惯例和绩效 . *心理学报*，*40*，862－872.]

14. 结论要简单、有概括性

研究结果和研究结论是不同的。结果比较具体，包括一些统计数据；结论是从结果中推论出来的，要有一定的概括性。例如，研究结果是小学一、三、五年级的注意广度是多少，发展曲线如何；结论则是小学生的注意广度随年龄上升而增长。

在推论恰当且没有推论过度或推论不足的情况下，结论越简单越好，越有概括性越好。

课后练习及解析

练习

在讨论及结论部分，下述表述是否正确?

（i）不应再总结结果。

（ii）应将“讨论”（discussion）与“结论”（conclusion）区分为两部分。

（iii）不应引述新的文献。

（iv）有关研究方法的局限，应在研究方法部分解述，不应在讨论及结论部分才解述。

（v）不应重复统计数据（如 t 值、F 值）。

（vi）应多加插“用另一个不同及更大样本”这类差不多在所有“讨论”部分均合用的语句。

（vii）应多用“本研究奠定基石”等去支持研究的重要性及贡献。

解析

（i）不正确。大部分报告在讨论及结论部分先简单总结重要结果。

（ii）不正确。较简单的研究，可将“讨论”和“结论”放同一部分。（见：第二节 1. 区分结果、讨论和结论）

（iii）不正确。若未曾引用过的文献有助于解释，可在讨论及结论部分引用。（见：第二节 3. 不宜包含文献综述）

（iv）不正确。研究局限、缺陷及其他解释的可能性应放在讨论及结论部分。（见：第三节 5. 说明研究局限、缺陷及其他解释的可能性）

（v）一般而言不应重复，若有助于强调结论，也可简单地重复描述统计数据（如 M 值）。（见：第二节 5. 不应再次重复统计数据）

（vi）不正确。应提出详细理由。（见：第三节 10. 推论要恰当）

（vii）“奠定基石”不但空泛，更给人自吹自擂的感觉。研究者应通过讨论与解释更多资料、观点、理论等去重申研究意义。（见：第三节 4. 说明研究结果的理论或实践意义；7. 总结研究的贡献）

第十一章 综述性论文

关键问题

综述性研究报告的内容有何不同？
怎样评价综述性研究？
如何选材及整合内容？
如何筛选文献？
如何借助表格综述信息？
与前人综述主题相同时，再次综述应该有何特色？
如何撰写综述性研究的结论？

第一节　综述性论文的内容

1. 与实证研究报告的异同

综述性论文的写作与实证研究报告中“引言”部分的文献综述大致相同，读者可以参照前文中有关文献综述的要求。但这两种文献综述还是有些区别的，研究报告中的文献综述只是研究报告的组成部分，论文的重点和价值体现在研究的发现（结果）上，而综述性论文作为独立的一篇文章，只是提出问题（或仅对所提问题提出解决的建议），并没附带做实证研究，因此，对这类论文还是有一些独立的要求。

另外，与实验报告不同，综述性论文的行文并不是按照研究进行的顺序，而是按照逻辑性顺序展开的。

2. 重视创新性

和实证性研究报告一样，衡量综述性论文水平高低的首要标准也是看创新性如何，即对该领域有没有新的贡献，如何有系统、有说服力及有洞悉力地整理错综复杂的文献，带领读者对某研究问题产生新的看法。

如果仅仅是对已有的研究结论进行简单总结，这种综述没有多大意义。高质量的综述性论文应在结论部分说明文献中有哪些不一致的地方、哪些问题还有待研究、哪些是未来的重要研究方向。更重要的是，应提出新颖的观点，对已有研究做出不同的解释，并且这种解释要有重大的理论意义。

实证研究报告只对一个或几个研究问题进行讨论，而综述性论文是对很多研究进行讨论总结，所以，在综述性文章中可能更有空间，可以创造性地提出自己的观点。

《心理学公报》（*Psychological Bulletin*）前编辑 Eisenberg（2000）将综述性论文分为五类：

- 产生新的知识。用已有的研究数据来回答新的问题或从不同的角度来分析旧的问题，通过定量的方法（如元分析）或定性的方法（逻辑分析），在以前知识的基础上产生新的知识，使人们对原有的问题获得新的认识。
- 理论检验。分析或评估已有理论或概念模型的有效性。可以用元分析的方法，也可以仅用定性的分析。
- 理论整合。把心理学和其他领域（如经济学、遗传学、人类学等）结合起来，通过其他学科的材料来检验心理学的理论。
- 提出新的理论或概念框架。据此来组织已有的研究材料。如根据进化论提出儿童不成熟的行为或认知具有适应的特点，推广至进化论心理学等领域。
- 整合已有的知识。对已有的文献进行组织和总结，可以帮助读者撇开琐碎的研究报告，直接迅速地得到这个领域的研究状况，对该领域有更清晰的认识，以便更准确地把握未来的研究方向。

需要注意的是，对研究报告进行元分析（事实），并不能代替逻辑分析（思想）。如果仅用元分析的方法分析了已有的研究报告，而没有对已有理论做进一步的发展，没有产生新的认识或观点，这种元分析综述也就没有太大的价值。

第二节　撰写综述性论文的规则

1. 不是罗列，而是整合

综述性论文不只是罗列研究，不应只是按照研究的顺序组织材料，介绍一个研究后再介绍另一个研究，堆砌文献，甚至报告无关紧要的细节。这些低水平的综述性论文只能说明作者没有很好地消化各种材料，觉得每句话都很重要。

好的综述应该用自己的语言，按照自己的思路来组织材料，这样的综述才能既全面又简洁。所谓“书越读越薄”，也是这个道理。

虽然没有一种结构适用于所有的综述性文章，但是围绕某个理论或中心论点，有系统、有创见地组织文献，则是通用的法则。

2. 区分自己与前人的观点

重新解释前人的研究也算是综述的一个创新性贡献。但需要注意的是，对于别人已经解释了的内容，我们必须令读者清楚地明白并区分哪些是基于文献得出的观点或结论，哪些是我们自己的重新解释及推测。

3. 最后报告结论

综述的结论就是要说明综述的目的是否达到，包括已有的研究回答或明确了哪些问题，还有哪些问题需要进一步研究，用什么方法来研究，作者有没有提出新的理论或模型，目前研究存在哪些问题，研究的进展是否表现出了某种发展趋势，以及未来研究的方向如何。

第三节　撰写综述性论文的常用实践技巧

1. 选题可考虑目前的一些研究热点

选题可考虑目前的研究热点，这样做既能引起读者的兴趣，贴近前沿研究课题，也可能容易写出新意来。如果要选择传统的研究问题，那么该领域需要取得较大的研究进展，或者是作者自己对该领域有独到或深刻的见解。

2. 再次综述有何特色

即使我们的文献综述主题与前人的相同，但如果有足够多的新进展，也可以成为我们另写一篇新综述的理由，这样能不断更新我们对该课题的认知。我们需要考虑新的综述与以前的综述有何差异（时间上、内容上、理论发展、结论等）。在文中，应该引用已有的综述，并说明自己的综述的特色和前人的综述有何不同，以解释自己为什么要做现在这个综述。

当然，新近的研究并不多，积累还不够，在没有其他理据的情况下，只是简单重复前人的综述，不足以成为一篇高质量的新综述性论文，那么再做这个领域的综述便意义不大。因此，在新的综述研究中，应强调新研究的重要性。例如，

> 十多年前对语文教学的综述研究指出……不过，近十年各类多媒体语言学习器材的价格大幅下降，用电脑等辅助语文学习极为普遍，重新评估及比较各种语文教学法，甚为重要……

3. 文献资料的选择尽量全面和公正

尤其是在综述性研究中，不应让读者感到作者或研究者在选择文献材料时存在偏见，只提那些支持自己观点的研究证据，对相反的文献证据却视而不见、避而不谈，好像这些研究从来不存在似的。

在确定研究课题之后，我们需尽量全面和公平地选取所有的相关研究，并提供筛选文献资料的步骤，令他人认同这是一个公平的过程，其他学者亦可参考此步骤进行类似的研究或重复研究。

4. 文献阅读和引用要充分

综述的文献要广泛和完备（inclusive），覆盖范围要广。不要漏掉重要的文献，已有的综述、相关的重要实证性研究，特别是有影响的高水平研究，都应提及。但引用时应避免琐碎地讨论每个研究的细节，要有所取舍。

文献引用不足是指没有引用该领域的重要文献。如果说某个研究问题的原创性很高，找不到相关参考文献，这种情况几乎是不可能的。我们总是能够将研究问题放于某些理论框架下去说明。

如果文献很少，首先就会令读者怀疑作者可能对文献掌握不够，研究背景不清楚，或者可能是剽窃。当然，也有可能这个领域的文献确实很少，那就另当别论。

文献查阅不充分，或者同行间交流不充分，有可能导致论文刚刚写好，却发现一篇刚发表的论文与自己的相同或相似。即便是这样，也要把这篇刚看到的论文引作文献，并在文献综述和讨论中提及。虽然这样做可能会降低论文报告的独特性，但从学科的发展和个人学风的养成上有长远的益处。实际上，完全相同的文章是没有的，参考别人发表的同类文章，对提升自己论文的深度是有帮助的。

5. 文献应以近五年的为主

通过参考文献列表可以评估论文的时效性。

6. 结论不要泛泛而谈

结论要有实质的内容，要有独到的见解，不要用几乎适用于所有综述的表述。欠佳的表述如：

以往研究的取样代表性不够，需扩大样本量，使研究结论更具有普适性。[错误范例]

中国还没有人进行这样的研究，以后的研究可以考虑用中国人为参与者，检验该理论在东方文化背景下的适用性。[错误范例]

以往研究采用的方法单一，今后要采用综合的方法。[错误范例]

以往的研究都是单一考察这些研究变量或影响因素，今后要把这些变量或影响因素整合起来研究。[错误范例]

以往的研究都是在行为层面进行的，今后要在神经生理层面进行更深入的研究。[错误范例]

还有很多问题没有考虑到，需要进一步研究。[错误范例]

上述说法都是泛泛而论，不具有建设性。如果确有好的想法，应该把问题具体化。例如，要以中国人作为研究对象，便需解释中国人存在什么特性（如人格如何不同），与西方研究的结果可能有哪些差异。

7. 批判性评价只针对研究

在综述性论文中，会对他人的研究方法、研究结论、理论等方面的优缺点做出评价。需注意，这些批判性评价只针对研究而不是针对做研究的人，不应变作或视为人身攻击。事实上，在审稿时，编辑往往会请被批判文章的作者来审稿，甚至写一个简短的回应。

8. 避免像教科书般介绍理论

一般来说，教科书是金字塔的下部，广而宽，综述性论文是金字塔的上部，只针对某个较专门的研究课题。

教科书注重的是系统全面地介绍基本的概念、理论，重点在于清楚地介绍，其主题广泛，着重介绍各权威的结论，无须争辩。而综述性论文的主题则要鲜明，且仅集中于一个问题，是通过整理不同的研究，去说服读者同意某个结论，应具论证性。

综述性论文的重点应该是介绍研究的进展和指出研究存在的问题，对多数人知道的内容，简要提及即可，没有必要着墨太多。

9. 可借助表格

对于不同理论、方法、概念、研究、发展阶段之间的比较，可以借助表格来进行(参见表11.1、表11.2)。

表11.1 *实证主义和阐释主义的形而上学*

实证主义	阐释主义/人本主义
单一的真实，由不可分离的元素构成	人类构造了多元的真实
研究者和现象之间是相互独立的	研究者和现象之间是相互联系的
陈述跨越时间和背景的真理是可能的，也是可取的	研究调查受意识形态的发展指导
真实的元素可以被分成因和果	真实不能被单纯地分为因和果
发现不受价值观影响的客观知识是可能的，也是可取的	调查在本质上承载着价值观

注：取自“消费者研究：存在主义现象学方法论与应用”，何佳讯，2006，*心理科学进展*，*14*，p. 730。中国心理学会2006年持有版权，获准在此重印。

表11.2 *指导关系的发展阶段及其特点总结*

阶段	定义	转折点
初始(initiation)	指导关系开始的6～12个月，这段关系对于指导双方都是非常重要的	幻想变成具体的期望 指导双方的期望开始融合；指导者充当指导、挑战性工作和展露等角色；被指导者提供技术协助，表示出对指导者的尊敬以及希望被指导的意愿 出现机会让指导双方围绕着工作任务进行人际互动

续前表

阶段	定义	转折点
培育 (cultivation)	这一阶段会维持2～5年的时间，在这段时间里指导的职业支持功能和心理社会支持功能都会发挥最大的功效	指导双方都会继续从指导关系中受益 有意义的人际互动机会增加 指导双方之间的情感联系加强，亲密程度也逐渐加强
分离 (separation)	由于工作角色的变化，或者是由于指导双方的心理状况发生了改变，指导关系终结，这一阶段会维持6个月到2年	被指导者不再希望接受指导，而是渴望有更多的工作自主性 指导者面临着中年危机，不能够再有效地提供指导功能 工作轮换或晋升限制了指导双方继续互动的机会；不能够再提供职业和心理社会的指导功能 封锁机会导致双方之间产生怨恨和敌意，从而破坏积极健康的人际互动
重组 (redefinition)	分离阶段后的一段时期，没有明确的时间期限，并慢慢形成一种同伴似的友谊	分离的压力减小，双方形成一种新的关系 指导关系不再以以前的形式出现 怨恨和愤怒减少，而欣赏和感激逐渐增多 双方获取平等的朋友地位

注：取自“西方指导关系的理论概述”，杨英，龙立荣，2006，*心理科学进展*，*14*，p. 453。

课后练习及解析

练习1

以下材料哪些属于典型的综述性论文摘要？

(i) 本文比较了一些有关测定光谱效率函数的方法，概述了各自特性及其优缺点，以及需要继续深入探讨的方向。

(ii) 本文研究美国采用多年的精神科临床测验——多维个性量表，分析量表过往在我国使用时的表现，借此定出切合我国临床使用的量表。

(iii) 本文剖析作者提出的“受助理论”，解释人对他人帮助的反应；本文亦采用“受助理论”分析国外的相关理论，用以补充、理顺及组织各种理论。

解析

(i) 属于。整合已有的知识。(见：第一节　2. 重视创新性)

(ii) 属于。分析已有的量表以构建新的知识。(见：第一节　2. 重视创新性)

（iii）属于。提出新概念框架以组织现有研究材料。（见：第一节　2. 重视创新性）

练习2

对于优秀的综述性论文，你同意以下说法吗？

（i）除了有研究问题及理论分析，亦应加插自己的实证（问卷调查、访谈、实验）研究。

（ii）尽可能参考不同时期（甚至远古时期）的相关文献。

（iii）对有争议性的课题，应避免评价争议各方。

（iv）"讨论"应包含所有重要的相关研究。

解析

（i）不同意。综述性论文无须加插自己的实证研究。（见：第一节　1. 与实证研究报告的异同）

（ii）不同意。应考虑参考文献的时效性。（见：第三节　5. 文献应以近五年的为主）

（iii）不同意。撰写综述性论文的其中一个目的就是反思已有研究的不足，并提出改善意见，只需避免成为针对研究者或团队的人身攻击即可。（见：第三节　7. 批判性评价只针对研究）

（iv）同意。（见：第一节　2. 重视创新性）

第三部分

图表及参考文献

第十二章

图表的使用

关键问题

使用插图及表格的主要目的是什么?

何时用图? 何时用表?

应否在正文中重复图题、表题及图表数据?

图和表的内容可否重复?

如何在稿件中安排及插入图表?

所有图表是否都应该在正文中引用及标记?

图表如何与文字结合?

在正文中用英文表达图表内容时，用什么时态?

怎样评价图及表的功用和质量?

第一节 使用图表的目的

在很多时候，针对复杂结果及数据，使用插图及表格可简化内容及增强可读性，比在正文中描述更易被理解。

第二节 使用图表的规则

1. 不要在正文中重复图表数据

除非是很重要的数据需要重复强调，否则表格中已列出的统计数据，在正文中就不要再重复提及。例如，表中已列出不同年龄组别的人数，就无须再在正文中重复；同理，正文不应大量重复插图内的资料，只需带领读者阅读图片，并做出结论。

不过，因为插图表示的数值并不精确，所以应尽量在正文中提供具体的统计数据，以利于他人做元分析或重复研究。例如，

图3显示男生测验表现（$M=54, SD=3$）明显高于女生（$M=30, SD=5$）。

2. 不要在正文中重复图题、表题

所有表（或图）都应有表序和表题（或图序和图题）。有关图表绘制的详细要求见后面两章。

除了在正文句子末写上“(见表1)”等引导读者参考图表外，我们也可以直接告诉读者从图表中能发现的内容，但应避免简单地在正文中重述。例如，不用说：

表1报告各组男女生人数及在第1、2、3次测验中的得分均值及标准差。[错误范例]

但我们也不应仅仅说：

平均反应时得分见图1。[错误范例]

我们可说：

表1展示了学生在不同学科各次测验中的表现，一般来说，学生第1次的表现较差……

图1显示反应时随反应类型复杂程度的增加而增加。

3. 图和表不要重复

论文答辩或做学术报告，或许可以呈现根据同一数据制作的图和表，但作为在期刊上发表的学术论文，则一般不应该用两种方法重复表达，这样也会造成版面浪费。我们应二取其一。

4. 图表应在结果正文中有文字标记

所有列出的图表都应该在正文提及或引用，例如，

见表1……

图 2 呈现了……

表 3 展示了青少年每天的活动类别……

年长儿童使用率更高（见表 5）……

如图 5 所示……

比如说，如果在文章中有表 4、图 3，而正文中却完全不提及这些图表，这是不可以的。因为如果正文中没有提及这些图表，图表的信息很可能就被读者忽略，或看到这些图表却不清楚是在文中哪部分用的，从而影响读者对图表的理解。

5. 图表与正文对应

在正文中引用图表时，应对应图表的编码。论文被采用后，期刊编辑部要对论文重新排版，以符合出版的需要。排版后图表的位置与论文的原稿可能不一致，原稿上表格的位置及页码已经改变了，所以用“上表”“下表”“上图”“下图”“见第 5 页的图”或“见第 10 页底部的表”是不恰当的。

同时，图表的编码应与正文出现的次序一致。例如，正文不应先提及表 5，然后才引用表 1。

6. 图表位置要合理

如果正文的文字描述涉及图表，在实际印刷时，若段下的空白放不下整个图表，则可能会把图表拆分在两页上，或者将整个表或插图放到下一页。图表的安置应以方便阅读及版面美观为原则。

图表一般需由期刊专人制作，其大小及位置需配合最终版面的安排，故《出版手册》要求，作者需要将图表放在正文“参考文献”后面。如果投稿，需同时参考学术期刊的具体投稿要求。但对硕士、博士论文，我们应参考各大学的规定。

7. 说明版权批核

在使用某些他人拥有版权的图表等时，我们在取得批核后，应将这些图表等的出处以批注形式说明。例如，

取自“青少年叛逆行为”，毛力，姚文著，2010，*青少年探新*，*18*，p. 54。青少年研究所 2008 年持有版权，获准在此重印。

Adapted from “Psychological adaptation to environmental changes of migrant children,” by A. B. Crown and C. D. Smith, 2010, *Adolescence Educational Research Journal*, *17*, p. 20. Copyright 2010 by Scientific Research Publishing. Reprinted with permission.

Taken from *Adolescent Development* (p. 100), by G. H. Chan and I. J. Li, 2010, Beijing: Academic Publishing. Copyright 2010 by Academic Publishing. Reprinted with permission.

8. 注意英文时态

用英文表达时，若行文是由图表引导读者讨论或达致结论，《出版手册》建议使用现在时态，令读者感到好像与作者一同阅读图表。例如，

Table 3 shows that children use these techniques more frequently.

As we can see in Table 3, girls are faster than boys.

不过，若行文是报告结果，引用图表为辅（将图表放在括号内，并非句子主语），则无须用现在时态。例如，

Results showed that children used these techniques more frequently (see Tables 3 and 4).

Girls were faster than boys in the experimental tasks (see Table 3).

第三节　使用图表的常用实践技巧

1. 了解何时用图，何时用表

图、表、文字的表达方式各有利弊。图、表、文字能互相补充，三者共同的目的都是把信息更便捷、更准确地传递给读者。一般来说，只在正文中呈现一连串数据，读者难以理解趋势。但假如只有数个简单数据，则无须使用图表。

文章内的数据，除了要准确外，也要尽量令读者明白及掌握。《出版手册》建议遵从一个易于记忆的规则：

- 3 个或更少的数据，可包括在正文中。
- 4 ~ 20 个数据，可考虑用表格展示。
- 多于 20 个数据，插图可能更易于理解。

一般来说，因为图表制作成本较高，也颇占用篇幅，对简单结果，能用文字表达清楚的就不要用图表。什么时候用图表，用多少个，一切应以方便读者阅读和理解为

原则。

插图有很好的视觉效果，当需要说明数据的趋势、变量之间的差异或关系及仪器的设计时，插图可以帮助读者更好地理解。但插图没有表格精确，有时容易歪曲数据。

表格虽然没有很强的视觉效果，但要对很多数据进行汇总时，用表格可能效果比较好，而且表格呈现的数据比插图要精确。当然，有时我们会将数字合并到插图中（如路径分析中的路径系数）以吸收两者的优点。

图表能够简洁地呈现数据，但若图表太多，读者要不断地在图表和文字之间跳动翻阅，就会干扰读者的阅读。

对于简单的结果，如下述内容，没有必要用图表来呈现：

平均反应时随年龄而增加，青年组 225 ms，中年组 273 ms，老年组 320 ms。

2. 插图：呈现最重要的结果

因为插图更能吸引人的注意，有需要时可以把最重要的数据用插图来呈现。

3. 图表不看正文也简洁明了

图表应独立、不言自明，表题应清楚，有足够的注解等，要让读者不需要详细阅读正文，就能看懂了解图表的内容。图表中的特殊术语或缩写，应用图注或表注说明。

4. 不采用与正文关系不大、过于复杂的图表

过于复杂、难以理解、与文章重点关系不大的图表，不应采用。

5. 保留最重要的图表

美国心理学会的期刊文章在传统上仍是以文字为主，辅以图表，过多图表会令内容看起来单薄，此时应考虑只保留最重要的图表。《出版手册》也指出，以往一些以表格形式出现的内容（如某一次方差分析的结果），现在均改用文字，在正文中报告 F 值、自由度（df）、p 值（甚至 MSE、η^2）等，不再表列其他更详细的资料。

6. 繁复图表改放于附录

一般而言，很多期刊文章只有几个图表，若图表很多，或图表内容过于细致繁复，与主题关系不太直接（如各变量的描述性资料），可考虑删去部分内容，或将这些图

表放于附录。

研究生论文一般有较多详细的资料及图表，可考虑合并或将次要的内容及图表放于附录，以令正文更流畅。

7. 附录及补充材料要详尽

现今网络使用日趋方便，美国心理学会鼓励作者将一些补充材料放在网上，供有兴趣的读者参考。对于一些简短但较正文次要的材料，作者可放于文末附录中，这多是实验所用的材料、复杂的研究设计、仪器的描述、样本的详尽数据等。

若只有一个附录，可标示为附录（appendix），若有多个，可标示为附录A、附录B等。附录中可包含子标题；若有图表等，可以用表A1、图A1、表A2、图B1、图B2等命名，以便与正文的表格或插图有所区分。

当某附录只含一个表格（或插图）时，美国心理学会容许我们以附录作为表格的标示（无须再标示为表A1），也就是说在正文中，可以说“见附录”，无须说“见附录表A1”。

过于详尽的数据，如计算机程序或其他形式的材料（录像等），应放在网上，并以较通行的格式存放，以供他人下载参考。

课后练习及解析

练习1

各实验组的各科语文水平进步情况可见图1。从下图可见，各实验组的英文水平均取得了进步（$M = 0.6425$, $SD = 0.27$），其中，D组英文水平取得的进步最为突出（0.99）。

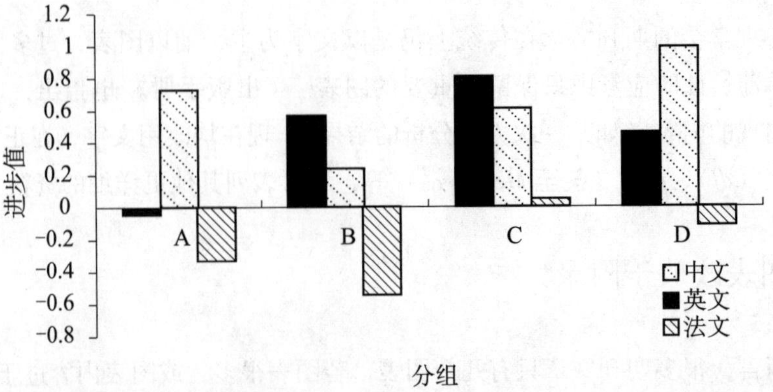

图1. 各实验组的各科语文水平进步情况.

针对上述材料，以下说法哪些合理，哪些不合理？

（i）正文与图表数据重复。

（ii）正文不应表述图表中的实际数据。

（iii）不应使用“下图”一词。

（iv）图表数据不多，可改用其他形式展示。

解析

（i）不合理。正文可总结图表的趋势。（见：第二节　2. 不要在正文中重复图题、表题）

（ii）不合理。图表中的数据未必精准，具体数据应放正文。（见：第二节　1. 不要在正文中重复图表数据）

（iii）合理。图表在期刊中可能重排，不应提供位置指示。（见：第二节　5. 图表与正文对应）

（iv）合理。《出版手册》建议，4 至 20 项数据可改以表格展示。本例中只有 12 项数据，用表或图展示均可。（见：第三节　1. 了解何时用图，何时用表）

练习 2

（甲）正文“研究结果”（相关节录）：

从表 1 可以看出试题的方差成分很大，说明抽取更多题目的重要性。当中参与者、试题与评分者的交互作用（B）占最大的百分比，亦再次引证需要分析更多题目。

（乙）正文“参考文献”后（相关节录）：

表 1

设计方差成分估计值

成分	*SS*	*df*	*MS*	百分比
A	64. 309	169	0. 381	0. 57
B	4 352. 799	1 254	3. 023	48. 68
C	298. 331	486	0. 903	2. 75
D	1 079. 214	7 528	0. 156	22. 34
E	1 623. 437	2 652	0. 187	25. 66

（丙）

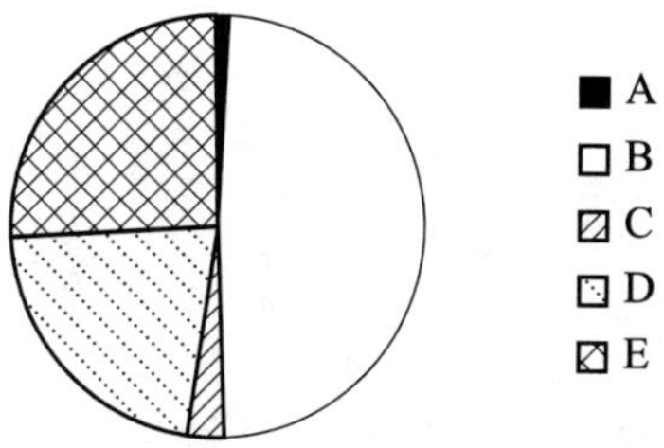

图2. 各成分百分比 .

针对上述材料（摘取自某一研究），以下说法哪些正确，哪些不正确？

（i）图 2 未在正文中提及。

（ii）插图与表格有部分数据重复。

（iii）表格数据较多，可改为用插图表达以加强视觉效果。

（iv）图表必须紧接正文相关段落。

解析

（i）正确。正文应引用或提及所有列出的图表。（见：第二节　4. 图表应在结果正文中有文字标记）

（ii）正确。不应用两种手法重复表述。（见：第二节　3. 图和表不要重复）

（iii）不正确。例子中表格数据精确，插图未能达到此效果。（见：第三节　1. 了解何时用图，何时用表）

（iv）不正确。APA 建议图表应放在“参考文献”之后，但不同期刊要求不同。（见：第二节　6. 图表位置要合理）

第十三章

制作表格

关键问题

制作表格的主要目的是什么？

什么是三线表？

什么是好的表题？

如何处理表题内的缩写？

表体数字是否应该带单位？

如何避免常犯错误？

如何撰写表注？

如何清楚地表达表格内容？

表注的不同内容如何排序？

表格中是否应该提供准确的 p 值？

第一节　制作表格的目的

表格简称表。如果数据较多，用正文叙述难以表达清楚，这时就需要把数据放在表格中。设计相宜的表格，能够令内容更清楚简洁，也令版面更美观和有吸引力。

对于各类统计结果，应呈现什么，是否应该制成表格还是放于正文，有时并不一定有清楚的界限，应考虑表格内容的重要性，以及是否已有甚多表格。一般来说，我们在有限的表格空间内，应尽量提供可用于比较不同研究的资料（例如，标准回归系数、F 值、显著水平，而不是非标准化系数或各类方差值)。

第二节　制作表格的规则

1. 用三线表

大部分表格可用三线表，通常只有三条线（顶线、底线和栏目线，没有竖线），不用垂直竖线或斜线。三线表中顶线和底线为粗线，栏目线为细线。有需要可加辅助线，但我们仍然称它们为三线表。

表格内的元素包括表序、表题、项目栏、表体、表注。图 13.1 显示的是最简单的三线表的格式。

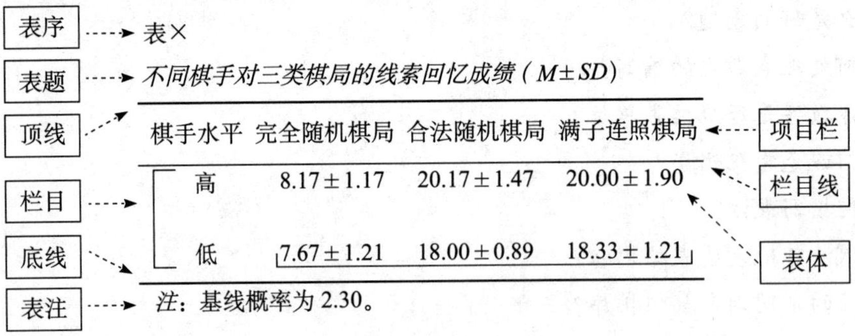

图 13.1. 三线表内的主要元素．修改自“随机棋局存在专家记忆优势效应吗?”杜建政，杨治良，2002，*心理学报*，*34*，p. 256。中国心理学会 2002 年持有版权，获准在此重印。

2. 要有表序

表序即表的序号。就算从文章内容中已能知道所对应的表格，我们仍需要在文字中或括号内标示表格序号，且用阿拉伯数字进行排序，如“表 1”“表 2”等。即使全文只有 1 个表，也要提供表序。不应用“表 3a”“表 3b”等（应该用“表 3”“表 4”等，基于其他考虑，本书并没有依循这一规则）。

3. 要有表题

表题即表格的标题。每个表格都要有一个反映表格内容的题目。不能只有表序，没有表题。

4. 表题要准确精练

表题应准确精练地反映表格内容，不能用概括性词语做表题，例如，不应使用“得分表”“结果”“结果总表”。

避免使用过于简单的表题。例如，

> 家庭与成绩的关系［错误范例］

可考虑改为

> 父母收入、教育水平与学生数学成绩的相关

避免过于烦琐的表题，表题不应再次重复表内的信息。例如，

> 学生在语文、数学、英语、化学及物理课中第 1、第 2、第 3 次考试的平均成绩、标准偏差及范围［错误范例］

可考虑改为

> 不同专业大学生在各测验中的平均成绩

5. 正确使用表题内的缩写

表题内所用的缩写，若适合的话，可以在表题内对应的名词后的括号内标示。例如，

> 传统教学（TT）与探究式教学（IA）学生得分比较

较复杂或与表题无关的缩写，应放于表注。

6. 每个数据栏都要有栏目

表由许多列（由上至下）或行（由左而右）的数据组成。每列数据称为一栏，每个数据栏上面要有栏目，即这一列数据的名称。

7. 栏目是列的总称

栏目用来限定或定义每列数据，即对它所对应的一列或数列数据的总称及解释，不能用于同侧或同级的横向解释。表 13. 1 中的栏目用于横向解释，是错误的使用，可修改为表 13. 2 或表 13. 3。

表 13.1 *外、内向人格学生于不同压力下在选择题及开放题上的表现*［错误范例］

学生人格类型		外向人格		内向人格	
题目类型		选择题	开放题	选择题	开放题
压力程度	考试气氛	72.30（10.50）	60.67（11.75）	78.40（12.63）	53.13（9.65）
	练习气氛	75.20（9.30）	59.20（10.49）	82.60（10.91）	58.60（10.32）

注：满分为100分，括号内数值为标准差。

表 13.2 *外、内向人格学生于不同压力下测验的均值与标准差*

题目类型	学生人格类型	
	外向人格	内向人格
	考试气氛	
选择题	72.30（10.50）	78.40（12.63）
开放题	60.67（11.75）	53.13（9.65）
	练习气氛	
选择题	75.20（9.30）	82.60（10.91）
开放题	59.20（10.49）	58.60（10.32）

注：满分为100分；括号外数值为均值，括号内数值为标准差。

表 13.3 *外、内向人格学生于不同压力下测验的均值与标准差*

压力程度	题目类型	学生人格类型	
		外向人格	内向人格
考试气氛	选择题	72.30（10.50）	78.40（12.63）
	开放题	60.67（11.75）	53.13（9.65）
练习气氛	选择题	75.20（9.30）	82.60（10.91）
	开放题	59.20（10.49）	58.60（10.32）

注：满分为100分；括号外数值为均值，括号内数值为标准差。

表13.4的问题除了使用斜线，推论统计数据（如 F 值）也应该放在正文中来报告（如果涉及很多 F 值，放于表内亦合理）。可以修改成表13.5的样子。请注意，列中的二级标题应缩进一格。

表 13.4 *不同心理辅导方法对学生自信及学习动机的多元协方差分析比较*［错误范例］

自变量 / 因变量	治疗次数	认知治疗			精神分析治疗			综合法			F	p
		M	SD	(n)	M	SD	(n)	M	SD	(n)		
自信	3次以下	9.37	2.45	(34)	9.43	1.89	(21)	9.76	2.04	(51)	1.58	.19
	3~7次	9.90	1.96	(44)	10.19	2.49	(27)	10.57	2.47	(73)		
	7次以上	10.21	1.90	(79)	11.03	1.89	(118)	10.05	1.81	(76)		
学习动机	3次以下	16.53	4.69	(34)	15.65	3.78	(21)	14.96	5.17	(51)	2.70	.04
	3~7次	14.83	4.56	(44)	15.61	6.51	(27)	13.27	5.27	(73)		
	7次以上	13.31	3.11	(79)	12.76	4.07	(118)	13.79	3.48	(76)		

表 13.5 *接受不同心理辅导组别学生自信及学习动机的均值及标准差*

治疗次数	自信			学习动机		
	M	*SD*	*n*	*M*	*SD*	*n*
认知治疗						
3 次以下	9.37	2.45	34	16.53	4.69	34
3 ~ 7 次	9.90	1.96	44	14.83	4.56	44
7 次以上	10.21	3.80	79	13.31	3.11	79
精神分析治疗						
3 次以下	9.43	1.89	21	15.65	3.78	21
3 ~ 7 次	10.19	2.49	27	15.61	6.51	27
7 次以上	11.03	1.89	118	12.76	4.07	118
综合法						
3 次以下	9.76	2.04	51	14.96	5.17	51
3 ~ 7 次	10.57	2.47	73	13.27	5.27	73
7 次以上	10.05	1.81	76	13.79	3.48	76

注：*n* = 组内人数。

8. 栏目要尽量少，并予以合并

应尽量减少栏目中再分栏目的数目，能紧缩的尽量紧缩，令内容更清楚明白，表格也简化缩小。编排较差的栏目和较好的栏目示例参见图 13.2 和图 13.3。

性别	预先训练	……
女	有	
	无	
男	有	
	无	

图 13.2. 编排较差的栏目示例．［错误范例］

预先训练	……
女	
有	
无	
男	
有	
无	

图 13.3. 编排较好的栏目示例．

9. 自变量为行或列

对于自变量应放于表格的行还是列，不同编辑的建议并不一致。这主要是因为具体的表格内容决定变量在行和列中的位置。我们应该根据约定俗成的惯例，以简洁明了为原则，同时参考主要期刊内的相关表格，再设计自己的表格。

10. 表体数字不带单位

为节省空间，也使表体内容更精简明了，表体内数字一般不带单位。例如，百分数不带百分号（%），考试得分“78 分”只写“78”；在栏目中列出单位符号和百分

号等。如果全部栏目中的单位都相同，我们只需括注于表题后。例如，

不同教学组学童在各心理测验中的反应时（ms）和正确率（%）

11. 表体中不能随便写“0”或画“—”线

表体中无数字的栏内，应小心区别对待，对这些空位，不可以随便使用“0”或者“—”线等去替代。《作者编辑常用标准及规范》（2008）规定，表内“空白”代表无此项及不合用，“—”或“…”代表未发现或未测量并在表注中解释，“0”代表实测结果为零（中国心理学会编，2016）。

《出版手册》规定，表体中某位置并不适用（例如，某种组合在逻辑上不可能），该位置应留空。若某组合的数据在研究中并未收集，或不做报告（例如，不列出小于 .3 的因子负荷），则可用“—”表示，并加批注。相关矩阵的对角线元素（即“1”），可用“—”替代，无须加批注。另外，很容易用正文数据或其他栏目内容推断出的数据，不应列出。

12. 对点估计值应尽量提供置信区间

《出版手册》强调，作者对点估计值（例如，均值、回归系数）应该尽量提供置信区间等。例如，在表体均值旁提供［0.18, 0.28］，并在表注中解释（95% CIs shown in brackets）。我们亦可将置信区间分别放在两栏中，并注明所用水平（如95%）。

13. 行或列中的相同内容可考虑放于表注

行或列中相同的内容或数字（如每组相同数目的参与者），可以考虑放在表注中，既节省空间，又免得分散读者的注意。编排较差的表和较好的表示例参见图13.4和图13.5。

组别	n	……
少年	50	
青年	50	
中年	50	

图13.4. 编排较差的表示例.［错误范例］

组别[a]	……
少年	
青年	
中年	

[a]每组50人。

图13.5. 编排较好的表示例.

当表注内要列出不同数值时（如 p 值或样本量），则应该新建一栏，而不再用表注。

14. 表注前要有“*注*：”

我们在表体相关内容的右上角用“ * ”号或英文字母顺序标注后，再将表注放于表下方，用“*注*：”或“*Note.*”标示。

15. 表注的顺序要合理

在安排不同类别的表注时，它们的一般次序为：一般注解、特殊注解、概率注解。相同类型注解之间无须另起一行。但不同类型表注须另起一行，左顶格。例如，

注：表内展示均为标准化得分。

$^{a}n = 80$, $^{b}n = 100$.

$^{*}p < .05$, $^{**}p < .01$, $^{***}p < .001$.

16. 注意针对整个表格的一般注解

一般注解对表格进行整体的描述，说明并提供相关的信息，包括对表中的缩写符号等进行解释。例如，

注：不显著的两因素交互作用结果省略。学生前测（T1）及后测（T2）间距 4 星期。

17. 特殊注解用左上角小写字母标注

特殊注解是用来对某一特殊列或行内的项目进行解释。有特殊注解的部分，用标注于表内需注解项目或数值左上角的小写字母来注明。在栏目和表体中小写字母的特殊标注，顺序应该从左至右，依次用 a、b、c 注明。特殊注解无通用性，只适用于所标注的表格，也就是说，不同表格，有需要时，需要重复同一注解。例如，

^{a}每组 20 人中完成所有测验的人数。^{b}本组只有 10 人，百分率无参考价值。

为标明两个均值在统计上是否有显著差异（如用 Tukey 检验），用下标表示。例如，两个没有差异的均值，用同一英文字母的下标，并在一般批注中说明：

注：表中下标相同字母的均值，在 Tukey 检验（$\alpha = .01$）中并无显著差异。

18. 概率注解用上标的星号注明

概率注解是用来注明检验结果的统计学显著性，拒绝假设的 p 值的大小可用星号注明。例如，

$^{*}p<.05$, $^{**}p<.01$, $^{***}p<.001$.

如果在同一个表上还需要区别单侧或双侧检验，这时一般采用星号来标注双侧检验，用别的符号来标注单侧检验。例如，

$^{*}p<.05$ 双侧，$^{**}p<.01$ 双侧，$^{\dagger}p<.05$ 单侧，$^{\dagger\dagger}p<.01$ 单侧。

但不要在正文叙述中给某统计值加星号以表示显著性。例如，

性别和年龄的交互作用显著，$F(1,35)=4.92^{*}$。［错误范例］

应改为

性别和年龄的交互作用显著，$F(1,35)=4.92$，$p=.033$。

19. 提供准确 p 值

与过往的习惯不同，《出版手册》（第 6 版）要求作者在正文及表格中清楚地提供准确的 p 值（例如，$p=.031$；而非传统上展示 $p<.05$），这将方便日后其他研究者做元分析统计。

在插图或其他表格中（如相关矩阵），如果列出准确的 p 值会令内容产生混乱，则可沿用 $p<.05$ 等表达（或加星号等）。不过，就算在表中用星号或 $p<.05$ 等标示，在正文中提及表中某显著性检验（表中用星号标示）时，仍要提供准确的 p 值。

此外，同一文章中的不同表格尽量用相同的置信水平、批注及 p 值标示。在标示 p 值水平时，最低只用 $p<.001$。

20. 表格中数字的有效位数应相同

一般保留 2～3 位有效数字；除有特殊需要外，各变量的有效位数应相同。

21. 不要既报告 p 值又加星号

在表格中，如果用星号注明概率的大小，则无须再报告 p 值；反过来说，已经有 p 值了，也就无须在统计值上加星号。

第三节　使用表格的常用实践技巧

1. 合理使用描述性表格

在正文中我们应在恰当位置引导读者参考表格内容。例如，

在表 3 中，我们列出主要因变量（父亲期望、母亲期望、考试成绩、实验测试表现）在不同年级及性别上的描述性资料。

从表 3 我们可以比较男女在前后测中的表现。

表格可以单行距或双行距排版。我们依据《出版手册》的要求及建议，展示两种常用的描述性表格（见表 13.6 和表 13.7）。

2. 性质一致的数据放在一起，用空行或辅助线隔开

当数据有很多行时，为提高清晰度，适宜在每四五个横行中的合理位置上加插一空行，或添加一条横的辅助线，以助阅读。《出版手册》建议多用横直空行分隔，必要时才加横辅助线。

表 13.6　*学生对父母期望、成绩及测试表现的均值、标准差及范围*

性别	人数	*M*	*SD*	范围		
				可能	实际	偏度
父亲期望						
小二	520	4.82	0.72	1～7	2～7	.12
男	250					
女	270					
小四	610					
男	310					
女	300					
母亲期望						
……						
……						
考试成绩（得分）						
……						
……						
实验测试表现（s）						
……						
……						

注：测试表现为 3 次测试中最佳反应时（秒，s）。

表 13.7 *男女生在前后测中的均值、标准差、置信区间及效应量*

测试时间	男		女		$t(502)$	p	95% CI		Cohen's d
	M	SD	M	SD			LL	UL	
记忆任务									
前测（s）									
后测（s）									
联想任务									
前测（s）									
后测（s）									

注：所有任务均取最佳成绩；LL = 低限，UL = 高限。
$N_{男}=254$，$N_{女}=250$。

3. 互相比较的数字放在相邻位置上

表格与插图有甚多通则，为方便了解，同性质或需互相比较的变量，尽量在合逻辑的情况下，放于相邻位置，并加栏目标题区分。

同理，为方便读者，对各项常见的数据会以一些通用形式去表达。例如，标准差置于括号内，放在均值右边或下面。应尽量依据这些习惯，若真的必须有所不同，应在明显位置标明。

4. 风格一致

尽量合并相关的表格，尤其是当两个表部分内容重复时，应考虑合并。同一篇文章内不同表格的风格及格式（如所用单位、缩略符号）应尽量一致。

表 13.8 的栏目设置可修改成表 13.9 所示的式样，以利于读者的理解。

表 13.8 *不同训练方式对不同教育水平参与者记忆的影响*［错误范例］

测验	性别	训练方式	n^a	小学	中学	大学
即时记忆测验	女	图形	18	40	41	42
		文字	19	36	37	38
	男	图形	19	28	29	30
		文字	20	23	26	22
四星期后记忆测验	女	图形	20	30	31	32
		文字	17	28	29	31
	男	图形	19	21	23	23
		文字	18	19	21	21

注：测验成绩满分 60 分。
[a]每组 20 人中完成所有测验的人数。

表 13.9　*不同教育水平参与者两种训练方式的测验得分均值*

训练方式	n^a	教育背景		
		小学	中学	大学
		即时记忆测验		
女				
图形	18	40	41	42
文字	19	36	37	38
男				
图形	19	28	29	30
文字	20	23	26	22
		四星期后记忆测验		
女				
图形	20	30	31	32
文字	17	28	29	31
男				
图形	19	21	23	23
文字	18	19	21	21

注：测验成绩满分 60 分。

[a]每组 20 人中完成所有测验的人数。

5. 表格的设计应层次清楚

对于涉及变量较多的研究，如多因素实验设计，描述统计的表格绘制要层次清楚。

6. 在相关矩阵表中，各行变量名可用序号替代

一般来说，表格上方未必有足够空间列出所有行的“项目栏”（各行变量名称）。因为相关矩阵是正方形，尤其是当未有足够的空间列出所有行的变量名时，我们只需展示各列变量名及序号，在行的变量名中，列出序号便可。对角线上自己与自己的相关可写为“1”，或用一横线表示（见表 13.10）。为充分利用表格，也可以加上每一变量的平均数和标准差，在对角线的位置上呈现信度（见表 13.11）。

表 13.10　*各分测验与总量表分及分测验间的相关*

分测验	1	2	3	4	5	6	7
1. 总智商	—						
2. 视觉记忆	.723	—					
3. 摆积木	.641	.455	—				
4. 拼图	.625	.350	.287	—			
5. 记数字	.678	.489	.347	.289	—		
6. 迷津	.718	.363	.379	.331	.391	—	

续前表

分测验	1	2	3	4	5	6	7
7. 图画类同	.642	.347	.286	.364	.274	.412	—
8. 空间推理	.690	.404	.269	.330	.413	.504	.335

注：参与者年龄范围：9 ~ 17 岁，$N = 982$。修改自*心理学论文写作规范*（2 版）（p. 22），中国心理学会（编），2016，北京，科学出版社。中国心理学会 2002 年持有版权，获准在此重印。

表 13.11　*编辑任务绩效和工作活动、技能的重要性评价量表各维度的平均数、标准差及相关*

变量	*M*	*SD*	1	2	3	4	5	6	7	8	9
1. 任务绩效	3.49	0.74	.74								
2. 协调发展他人	2.18	0.81	.06	.87							
3. 手工体力活动	1.44	0.58	.04	.41**	.78						
4. 信息加工	3.16	0.84	.31**	.37**	.32**	.66					
5. 沟通	3.51	0.70	.15	.55**	.40**	.47**	.78				
6. 推理和决策	3.65	0.81	.17	.44**	.22*	.60**	.51**	.70			
7. 技术性技能	1.77	0.85	−.02	.64**	.67**	.42**	.34**	.33**	.92		
8. 组织技能	2.16	0.81	.09	.87**	.45**	.37**	.55**	.43**	.63**	.81	
9. 认知技能	3.60	0.70	.08	.58**	.29**	.51**	.53**	.57**	.45**	.62**	.77

注：对角线上的数字表示量表的信度（Cronbach's α）系数。$N = 88$。取自“任职者任务绩效水平对其工作分析评价结果的影响——来自电厂设计人员和编辑的证据”，李文东，时勘，吴红岩，贾娟，杨敏，2006，*心理学报*，*38*，p. 432。中国心理学会 2006 年持有版权，获准在此重印。

$^{*}p < .05$, $^{**}p < .01$.

双样本相关矩阵，请见表 13.12。

表 13.12　*参与者基于科学家照片对其社会性特质的判断相关系数*

	Competence	Sociability	Morality	“Good Scientist”	Interest
Competence		.390*	.555*	.778*	.505*
Sociability	.168*		.893*	.098	.632*
Morality	.424*	.798*		.304*	.624*
“Good Scientist”	.689*	−.069	.163*		.182*
Interest	.585*	.422*	.534*	.279*	

Note. Correlations between the composite traits and criterion variables. The top half of the table (above the diagonal) represents Study 1 ($N_1 = 216$), the bottom half represents Study 2 ($N_2 = 400$). Adapted from “Facial appearance affects science communication,” by A. I. Gheorghiu, M. J. Callan, and W. J. Skylark, 2017, *Proceedings of the National Academy of Science*, *114*, 5970−5975. Copyright 2017 by the National Academy of Sciences. Adapted with permission.

$^{*}p < .05$.

7. 简单内容无须用表格

繁复内容用表格展示，能化繁为简，若表格只含数项简单资料，则无须用表格展示（例如，某单一变量的 *t* 检验结果，某单一模型在结构模型中的拟合指数），只要将内容放在正文内便可。

8. 文字形式存档

为方便最后制版，表格一般以文字形式存档，这样可避免重打数据的可能错误。因此也尽量不用图形格式去制作表格。

9. 正文与表格避免重复

为协助读者明白表格内容以及与研究问题的关系，在正文中，我们不可避免地要重复表格内的某些数据，但一般来说，不应大量地在正文中重复表格内已有的数据。

10. 亦可用表格来呈现文字内容

表格既可以清楚、方便地用来呈现数据，也可以用来比较不同的理论和研究，呈现理论的发展阶段。因此，对繁复的文字内容，也可考虑用表格去表达。

11. 过多内容分列不同表格中

如果一个表格放不下，可以把不同组别或类型的数据有系统地放在不同的表中，并应提供恰当的表格标题，以说明这些表格的关系。

课后练习及解析

练习 1

表 1 *英文词汇同异判断的平均正确反应时(ms)和平均错误率(%)（括号内为SD）*

	2.5°				5°				7.5°			
	左范围		右范围		左范围		右范围		左范围		右范围	
反应方向	反应时	错误率	反应时	错误率	反应时	错误率	反应时	错误率	反应时	错误率	反应时	错误率
左	1 182.7 (85.2)	12.5 (10.2)	1 078.23 (73.2)	15.1 (13.5)	1 257.7 (51.1)	18.9 (10.1)	1 279.1 (49.3)	17.6 (9.1)	1 363.2 (67.8)	25.3 (15.6)	1 201.3 (58.8)	12.9 (7.8)
右	1 174.6 (142.3)	15.8 (8.9)	1 024.1 (114.9)	15.2 (10.8)	1 130.5 (109.2)	21.3 (16.0)	1 031.4 (96.5)	19.4 (20.2)	1 382.9 (71.3)	32.8 (14.9)	1 236.7 (70.2)	25.2 (11.2)

注：详细运算程序编程刊载于以下网页：http://www.sample.com/sample/table1.pdf

针对上述材料，以下说法哪些合理，哪些不合理？

（i）表注中提到的补充材料应放在附录中，如因篇幅所限可放在网上。

（ii）没有遵照“三线表”的线条数量规定。

（iii）表题中的“ms”应放在表体中。

（iv）表题中的“括号内为 *SD*”应放于表注。

解析

（i）合理。详尽材料以通行格式放网上，较简短的则放在附录中。

（ii）不合理。“三线表”有需要时可加参考线。（见：第二节　1. 用三线表）

（iii）不合理。现在的处理方法（放表题）合理。（见：第二节　10. 表体数字不带单位）

（iv）不合理。现在的处理方法（放表题）合理。（见：第二节　10. 表体数字不带单位）

练习 2

表2　*主要变量统计结果描述*

变量	*M*	*SD*	1	2	3	4
1. 工作意义	3.46	0.75	**.742**	—	—	—
2. 自主性	3.97	0.67	.212**	**.681**	—	—
3. 工作影响	3.12	0.86	.286***	.201**	**.753**	—
4. 满意度	3.01	0.73	.197**	.138	.321***	**.711**

注：
1. * $p<.05$, ** $p<.01$, *** $p<.001$.
2. 对角线上的斜粗体数字是变量在调查中的内部一致性系数。
3. $n=1083\sim1095$.

针对上述材料，以下说法哪些合理，哪些不合理？

（i）标题未能清楚表明表格数据。

（ii）表注的次序不恰当，应更改为注 2→注 3→注 1。

（iii）不合用的项目应留空，不应以“—”表示。

（iv）未清楚列出行的变量名称。

解析

（i）合理。概括性标题无助于了解表格的数据。（见：第二节　4. 表题要准确精练）

（ii）合理。注 2 解读表格，放首位；注 3 为样本量，属一般注解，放第 2 位；注 3 为概率注解，列一般及特殊注解后。（见：第二节　15. 表注的顺序要合理）

（iii）合理。“—”在表格中有其他意思（未发现/未测量）。（见：第二节　11. 表体中不能随便写“0”或画“—”线）

（iv）不合理。在相关矩阵表中，若上方空间不足，可在展示各列变量名及序号后，在行的变量名中只列出序号。（见：第三节　6. 在相关矩阵表中，各行变量名可用序号替代）

第十四章
绘制插图

关键问题

使用插图的主要目的是什么？何时使用插图？
怎样才算好的图题？
如何在图题后加“注”？
正文中是否应该提供插图中重要变量的准确数据？
如何安排自变量及因变量于 x 轴和 y 轴？
设计插图时常犯的错误有哪些？
何时用哪一种统计图？
如何使用图注？
常用的插图有哪些？

第一节　绘制插图的目的

插图包括线形图、条形图、饼图（圆形图）、散点图、示意图、结构图、照片等。插图能令内容更加直观清晰、简洁明了，也能美化版面，增加趣味。但插图在描述变量之间的关系时，所传达的数据信息并不够精准，需要读者谨慎参考，并查询论文的相关内容（如“结果”部分），所以这部分信息不一定适合做元分析。同时，绘制插图的成本较高，因此需事先判断使用插图的必要性。

第二节　绘制插图的规则

1. 要有图序

图序即插图的序号，用阿拉伯数字表示，如“图 1”“图 2”等，按照插图在正文中被引述的次序排列。即使只有1个插图，也要提供图序。

2. 要有图题

图题即插图的标题。每幅插图都要有一个图题。

3. 图题应当简短、精练、准确

图题必须精确易明，有助于说明内容，不应该为追求简洁而用过于空泛的图题。例如，

反应时［错误范例］

成绩［错误范例］

也要避免使用过于详细的图题，例如，

师大、交大、清华附中学生物理、化学、数学前5次测试得分的平均值、标准差及相关系数［错误范例］

图题应容易理解，尽可能表达出插图所反映的结论。例如，

图4. 不同职业参与者在短期记忆中的最佳反应时.

4. 图序和图题位置要合理

图序和图题之间应该留空1个字距，并出现在图的下方。有些期刊，编辑则要求另外在新一页列出图序及图题。

5. 可在图题后使用“注”

《出版手册》的惯例是，在图题之后可加“注”进行解释，让读者无须参考论文的正文也能解读插图的内容。因此我们可在图题后注明所使用的测量单位、缩写、在图例中未做解释的批注等。

若需引用他人的图，并已获得他人或版权所有者的批准，也在此一并说明。例如，

图3. 控制组及实验组的实验步骤示意图．每幅图片呈现3秒，参与者连续错误3次便终止实验。研究图片设计修改自“图片干扰信息与记忆”，李文，2010，*记忆科学*，*52*，p. 360。中国脑研

究学会 2010 年持有版权，获准在此重印。

6. 坐标轴要有名称

插图如有坐标轴，横坐标轴和纵坐标轴都要有名称，即使像“成绩”“得分”之类的数据，也要提供名称。有单位的一定要提供准确的单位。

7. 正文提供插图中的重要数据

读者难以从插图中准确地读出各组数据，因此我们应该在论文的正文中提供重要数据。例如，

从图 3 可见，女生（$M = 14.82, SD = 2.1$）明显较男生（$M = 9.13, SD = 2.0$）表现更佳。

8. 在线形图或直方图中，以自变量为横轴，因变量为纵轴

一般来说，x 轴为自变量，y 轴为因变量，坐标轴名称就是自变量和因变量的指标名称，如图 14. 1。

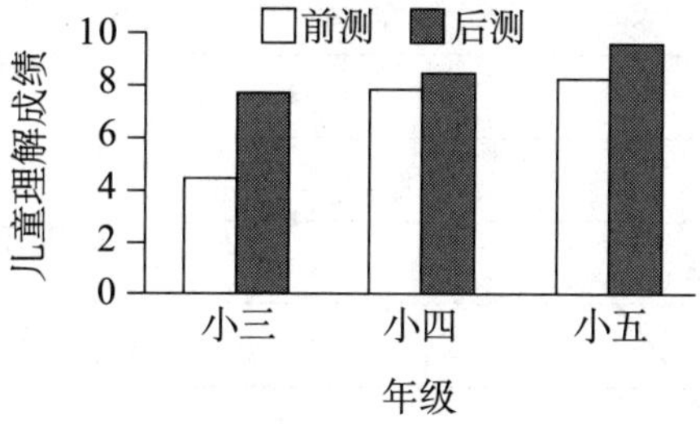

图 14. 1. 不同年级学童前后测的理解成绩.

9. 类别数据的排列要按逻辑顺序

就算横坐标是类别数据——虽然不是数值，无法按从小到大排列——也要有一定的逻辑顺序，如时间发生的先后顺序、分组人群的名称、程度深浅等（参见图 14. 1）。

在考虑逻辑顺序的要求下，尽量将图中需要互相比较的数据（线、条、点）放在邻近位置，以便读者比较。

10. 坐标轴的刻度线要向外，以免干扰数据区

一些人喜欢把坐标轴的刻度线向内，中学教科书中的解析几何图很多就是这样安排的。但刻度线向内，有可能干扰数据线。将刻度线向外，就可以避免这样的问题（参见图 14. 1 和图 14. 3）。

11. 若有足够的空位，应将图例放在图形区内

图例一般放在图形区之外（右侧、图形区正上方或横坐标轴正下方），以避免和数据线重叠。如果图形区内有足够的空位，也可以将图例放在图形区内，这样可以使图形更紧凑。

12. 删除干扰数据点的内容

除了一些有目的性地加上去，以展示基础参考数值或推算（如回归所得关系）的附加线外，应删除一般背景线，因为它们容易使图显得混乱，对读者理解数据点的帮助也不大。插图应以简洁、易明为原则，应该尽量删除一些只是装饰性的线条及内容。图 14. 2 是错误范例，应修改为图 14. 3 的样式。

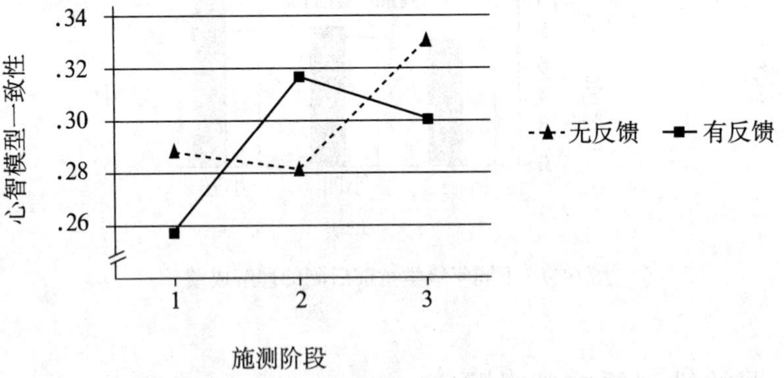

图 14. 2. 团队作业模型在不同反馈条件下的发展. [错误范例]

13. 数据符号应有明显的差别

在线形图中，不同的数据点要以不同的数据符号相区分，常用的数据符号有：■□▲△▼▽◆◇○●。除了数据符号外，还可以利用线条的粗细、虚实来区分。总之，数据线挨得越近，数据符号的差别应越明显。数据点可以有重叠，但必须能够清楚地区分。

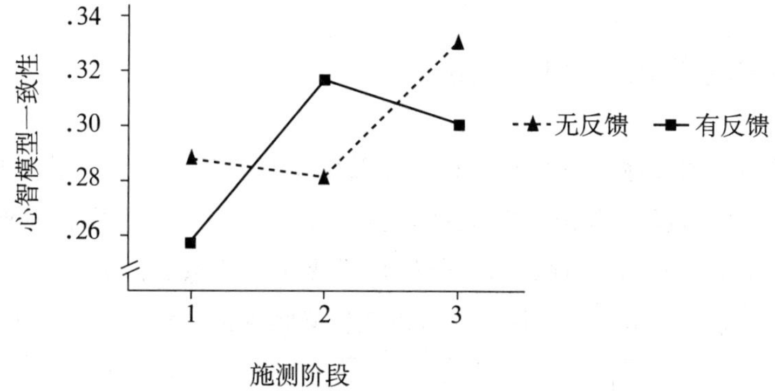

图14. 3. 团队作业模型在不同反馈条件下的发展 . 修改自“团队作业与团队互动两类共享心智模型的发展特征”，白新文，王二平，马达飞，周莹，任婧，2006，*心理学报* , *38*, p. 602。中国心理学会 2006 年持有版权，获准在此重印。

14. 条形图不能用灰度来区别

不同灰度之间的对比不够鲜明。就算在电脑屏幕上显示得很清楚，打印出来以后也不一定能分辨得那么清楚（见图 14. 4）。最好用黑白对比分明的安排，填充不同方向的条纹或网格，以增加对比度（图 14. 4 可改为图 14. 5）。一般只用 3 种颜色区分（白、黑、灰/条纹/网格）。

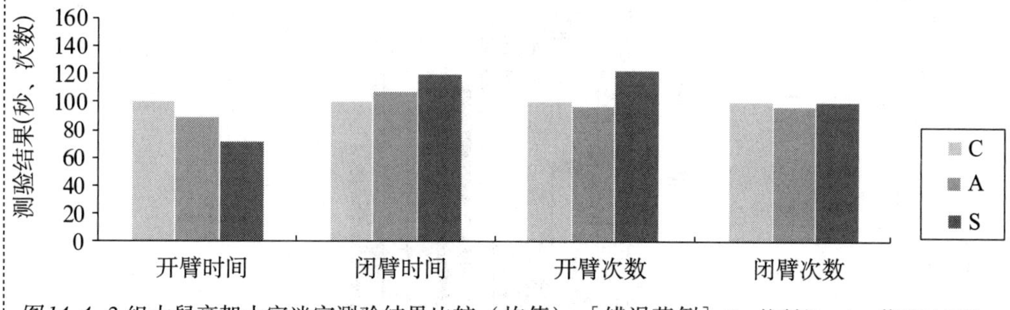

图14. 4. 3 组大鼠高架十字迷宫测验结果比较（均值）. ［错误范例］C = 控制组；A = 装置对照组；S = 游泳应激组。

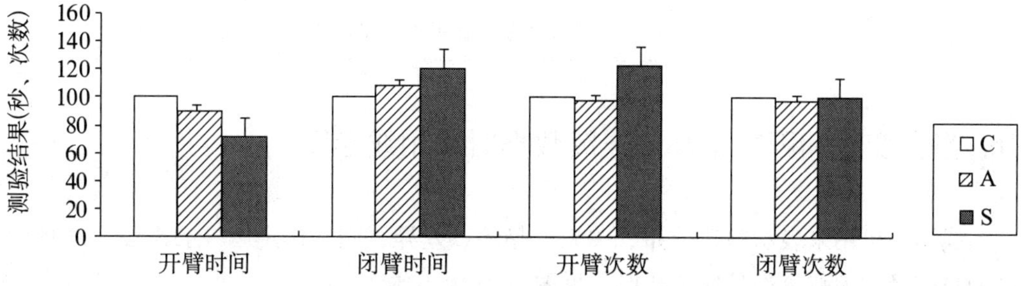

图14. 5. 3 组大鼠高架十字迷宫测验结果比较（$M \pm SD$）. C = 控制组；A = 装置对照组；S = 游泳应激组。

15. 条形图中的条无须做成立体

把二维的条形图画成三维的柱形图，尽管能够增加吸引力，并为某些人所偏爱，但它们有时会歪曲数据，甚至转移读者的注意力，所以没有必要为了追求效果而增加这些无意义的细节。例如，将图 14. 6 和图 14. 7 变为一般条形图便可。

条形图中的条柱不应太多。所有条柱的宽度必须保持一致（参见图 14. 5）。

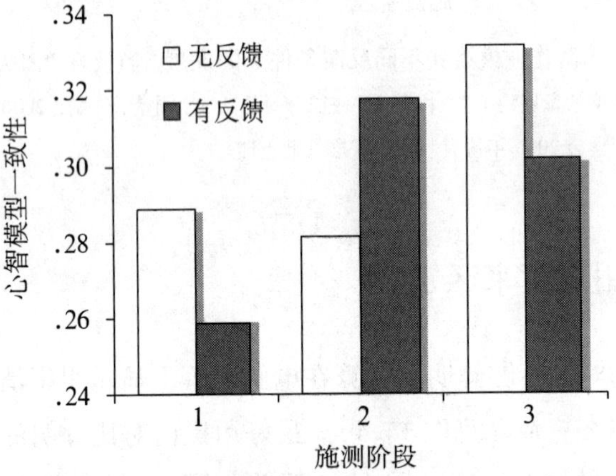

图 14. 6. 团队作业模型在不同反馈条件下的发展. [错误范例]

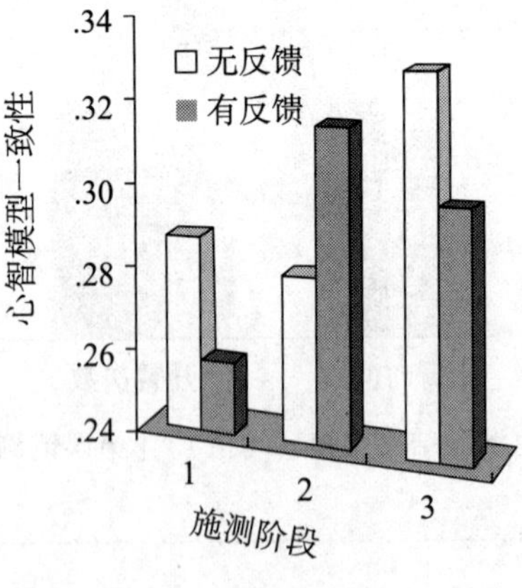

图 14. 7. 团队作业模型在不同反馈条件下的发展. [错误范例]

16. 当自变量和因变量都是连续数据时，用线形图

线形图可用来表示频数分布、关系、趋势、差异、交互作用。一般来说，线形图中的自变量和因变量都是连续数据（见图 14. 8）。

当自变量（*x* 轴）是类别数据时，也可以用来表达差异和交互作用（见图 14.3）。

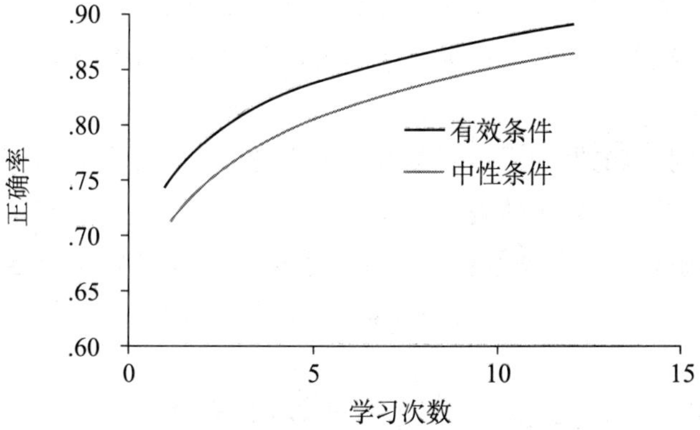

图 14. 8. 400 ms 有反馈条件下的学习曲线 .

17. 当自变量是类别数据，因变量是连续数据时，适合用条形图

条形图也可用来说明关系、趋势、差异和交互作用，但较多用来表示差异。表达趋势、关系、交互作用还是用线形图较好。

一般来说，当自变量是类别数据，因变量是连续数据时，用条形图较为合适（见图 14.1 和图 14.5）。

18. 正确使用注解

（1）内容脚注：补充正文，但不会因此打乱原文的流畅。过于烦琐的批注，亦可放于网上。

（2）版权批核：当需要展示插图的版权时，在注解中加以说明。

第三节　绘制插图的常用实践技巧

1. 多用黑白插图

在报纸和新闻杂志上，经常见到三维的、彩色的插图，视觉效果很好，做讲座或答辩时可以在幻灯片（powerpoint）中使用，但这种插图用黑白打印机打印出来后，就失去了原来的效果，甚至原来依靠色彩来区分的数据，现在可能已经无法分别了。因彩色印刷成本高昂，就算是网络上的期刊，由于彩色插图需要较高的像素，令文章档

案容量增大，所以多数教育学、心理学等社会学科期刊也要求插图以黑白色（或不同灰阶）制作，鉴于此，我们倒不如一开始就只用黑白两色（或不同灰阶）。如果我们投稿时的原插图是彩色，那么应该保证印刷时转成黑白或不同灰阶后，效果及分辨度符合要求。

当然，如果所投稿的期刊采用彩色印刷，或是容许使用彩色插图的网络期刊，那当然可以考虑采用并发挥彩色的表达优势。

若确实需要用彩色图片或影音、短片的数据，可考虑另存网络资料库，供读者参考。

2. 需要解释的内容如果过多，可以放在图注里

图题、图例都是以简明清楚为原则。有的专业术语如果较长，可以采用缩写，但必须在图注中加以解释（见图 14.9）。

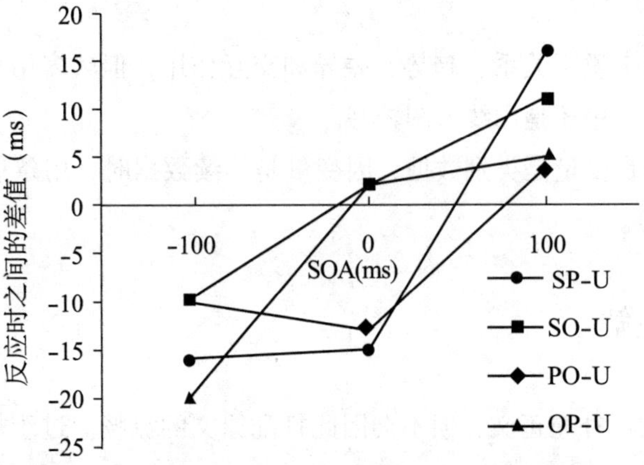

图 14. 9. 各 SOA 水平 4 种实验条件与无关字类反应时的差值．相关字类别：SP = 语义中介语音类；SO = 语义中介字形类；PO = 语音中介字形类；OP = 字形中介语音类；U = 无关字类。如 SP－U 为 SP 与 U 的差异。取自“汉语词汇产生中词汇选择和音韵编码之间的交互作用”，张清芳，杨玉芳，2006，*心理学报*，*38*，p. 485。中国心理学会 2006 年持有版权，获准在此重印。

插图内应尽量有足够的信息图例及说明，让读者能够理解插图的内容；要尽量避免设计一些要详细阅读正文内容才能了解的插图。

3. 线条图中的线不宜过多

如果线条图中的数据线过多（见图 14. 10），就会显得凌乱。这时可以考虑按不同组别内容，把一个图拆分为两个图。

相反，在必要时，我们可以将几个简单的小图同时放在一个插图内（用 1 个图

序），以方便比较几个小图内线条的趋势。

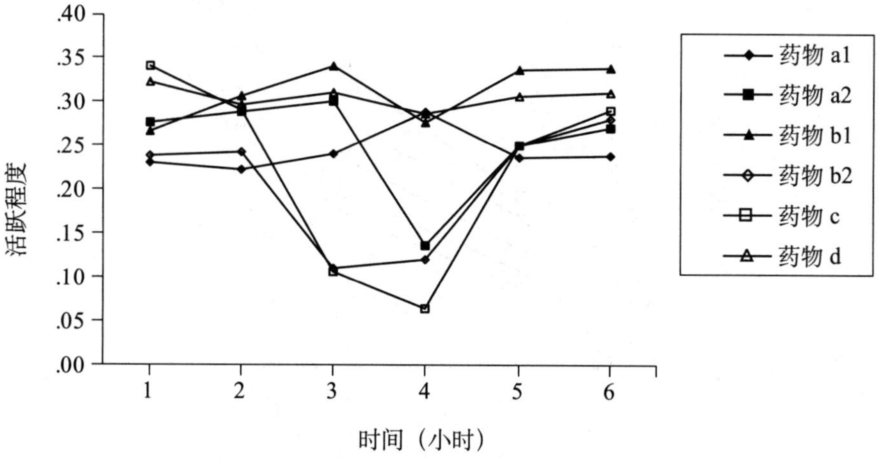

图 14.10. 不同药物对老鼠活跃程度的影响．［错误范例］

4. 坐标轴的刻度线不要太密

为避免刻度失去其作用，坐标轴的刻度不要太密。

5. 选好刻度，尽可能使数据区得到充分利用

坐标轴的起点并不一定是 0，如果因为起点是 0 而使得数据区留下大片空白或不能反映结论，就可以考虑改变起点的数值（y 轴不以 0 为起点，见图 14.11 和图 14.12）。但我们亦应当小心，若改用 0 以外的起点位置，一些细微的差异可能会虚假地扩大，误导读者。我们应尽可能在表内呈现标准差、标准误差等资料，以方便读者明白各差异的实质意义。

6. 坐标轴中共同的单位应统一放在名称后面的括号中

插图应尽量简明，坐标轴中共同的单位如岁、年级等，可以统一放在名称后面的括号中。

7. 纵坐标轴名称的文字方向应与坐标轴的方向一致

纵坐标轴名称的文字方向应与坐标轴的方向一致（字体 90 度旋转）。

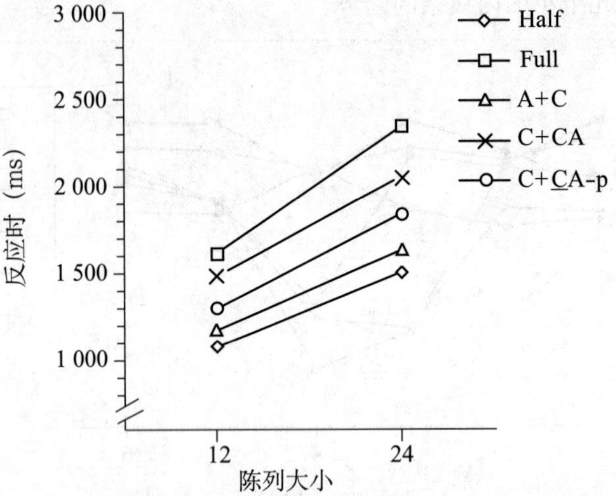

图14. 11. 不同陈列大小在不同实验条件下的平均反应时．修改自“刺激范畴的激活与抑制对预搜索的影响”，雷学军，金志成，2006，*心理学报*，*38*，p. 175。中国心理学会2006年持有版权，获准在此重印。

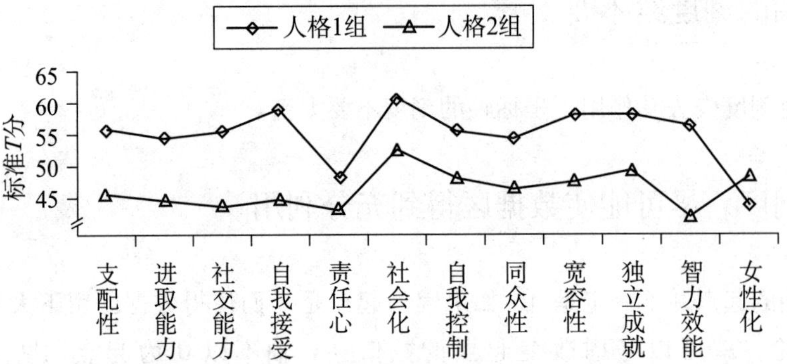

图14. 12. 两种人格类型在各人格维度上的平均标准 *T* 分．取自“社会支持与人格对大学生压力的影响”，刘玉新，张建卫，金盛华，2005，*心理学报*，*37*，p. 95。中国心理学会2005年持有版权，获准在此重印。

8. 对于手工制图，尽量容许再做修改

一些画图工具不容许制版时再做修改（如改动字体、图形大小、线条粗细），应避免使用，尽量提供一些制版时可以再做修改调整的图形。

在很多时候，编辑最关注图中的文字及线条是否可以再修改变动。插图的字体及字号，可以根据重要性的不同而有分别。

图形内所选用字体要避免字母间贴得太紧，《出版手册》不鼓励用黑体，因为其线条太粗，有时不便阅读。字号应在8～14号之间。图内的标示符号，大小约与图内一般的小写字母相同。图内最重要的部分（如曲线图内的曲线），应用较粗的线条，

最细的线条则用于坐标轴及其刻度。

若插图是用可以再做修改的软件（如幻灯片软件）做的，就可以提交原稿，以方便出版时再做字体等的修改。若是用照片类的内容，应以通用的格式储存，并保证图片的像素符合出版的要求，在很多时候，作者需要提供高质量的原照片（或电子档案）。

图形内文字字号的大小，应考虑图形实际印刷后的比例大小，文稿中的原图在实际排版后可能缩小很多。

9. 注意版权问题

如果插图包括人物样貌或涉及版权的照片及图像，应事先征得事主或版权持有人的同意。

10. 插图要反映数据的真实情况，不要有意通过绘图来制造假象

图的宽高比例、坐标轴刻度的选取都要适当；条形图中误差（往往是标准差）的表示可以有大小（例如，±1.2*SD*），也可以有方向（正负误差）。

11. 插图应展示必要、重要且易于明白的信息

照片与图形不能简单地二分。有需要时，照片可简化为图形，而一些图形亦有很高的仿真度。当我们修改或简化照片中的重要部分时，《出版手册》要求在图注中说明。

同一文章内不同插图的形式及风格，在合理情况下，应尽量一致（标签、线条、粗细、x 轴和 y 轴内容、图例等），以方便读者比较及了解。插图内线条必须平滑清晰。图内若有误差资料，应清楚说明置信区间（给予置信水平），或误差棒的内容（标准误、标准偏差等）。线条、x 轴和 y 轴、数据点等的标示，应清晰及放在靠近标示目标的位置，避免引起混淆。

12. 简单的图要小，复杂的图要大，要以清晰可读为原则

相同、类近或相同重要（同一层次）的图形（如多种交通工具），应用相同或合宜的比例。

13. 如有必要，可以截断图形

如果图形太大，可以考虑将图形分为多个，或删去部分图形。

第四节　常用图形举例

1. 圆形图（饼图）

当组别不太多（如5或6组以下）时，可以使用圆形图（pie-chart），从12点钟位置开始，由占百分比最大的组到最小的组，依次展开。一般由最浅色开始，最小的组别颜色最深（见图14.13）。

但这类图形信息量不大，很多时候，可在正文中用文字描述替代。

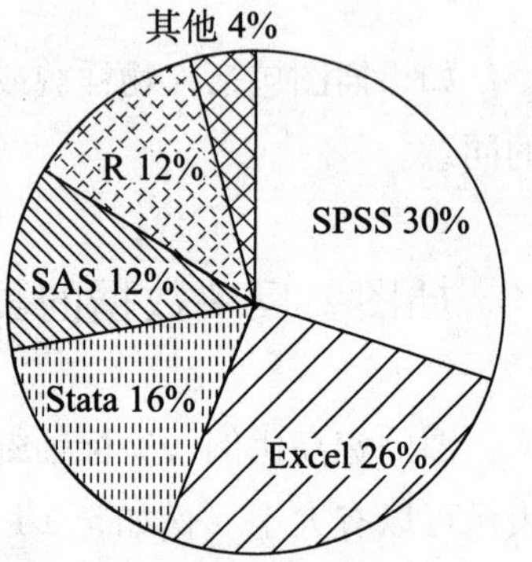

图14.13. 学生使用不同统计软件百分率.

2. 条形图和象形图

条形图（bar-chart）和象形图（pictogram）均用于表达类别（categorical）变量的分布。最简单的条形图信息量不多，可在正文中用文字描述替代。将多组别的条形图合并或用层叠条形图（stacked bar-chart），可帮助读者了解复杂的分布（见图14.14至图14.20）。

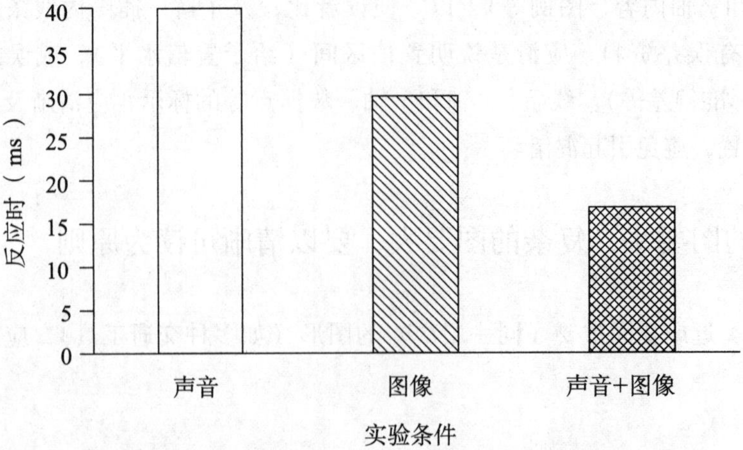

图14.14. 不同实验条件下的反应时.

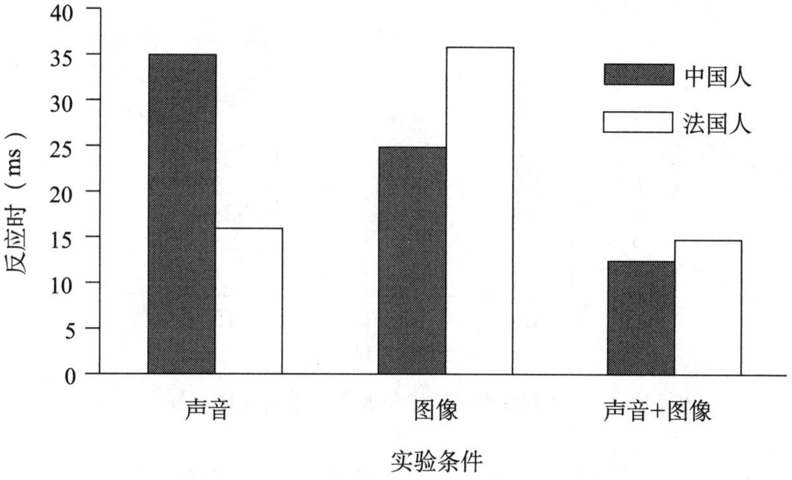

图14. 15. 中、法参与者在不同实验条件下的反应时 .

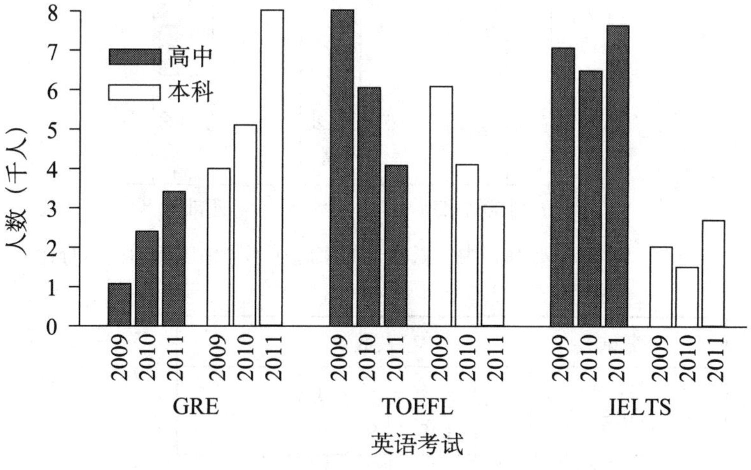

图14. 16. 2009—2011 年不同教育水平学生参加英语考试人数分布 .

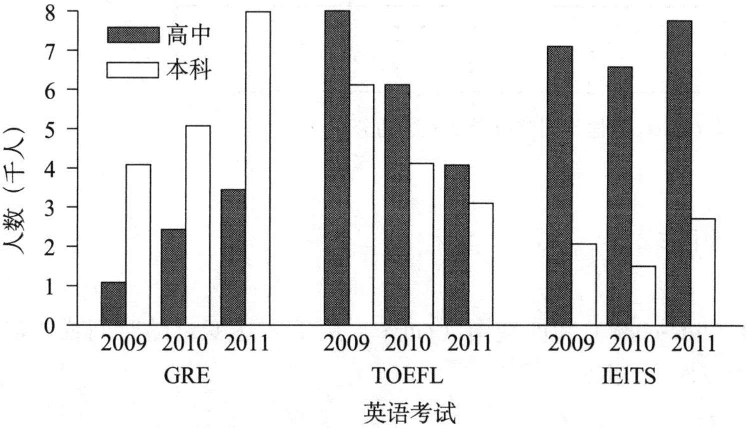

图14. 17. 2009—2011 年不同教育水平学生参加英语考试人数分布 .

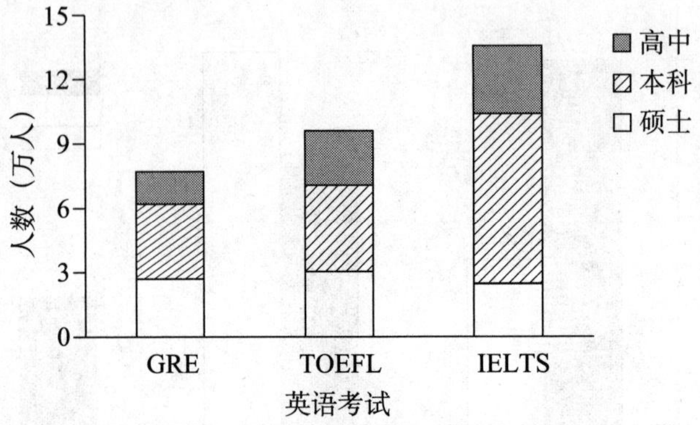

图14. 18. 不同教育水平学生参加英语考试人数分布.

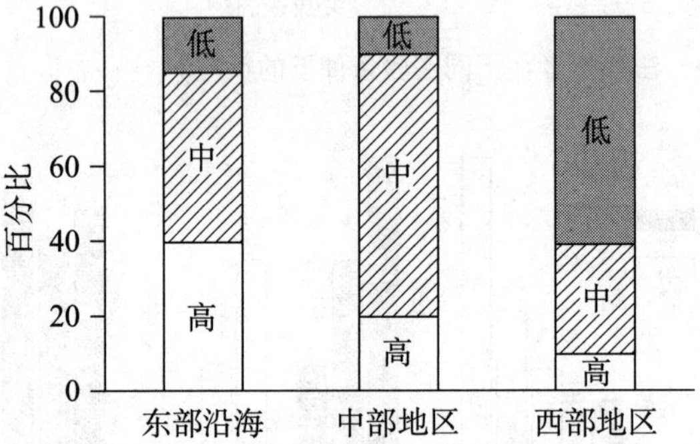

图14. 19. 高、中、低收入的家庭在不同地区所占的百分比.

考试	人数
GRE	♂ ♂ ♂ ♂ ♂ ♂ ♂ ♀ ♀ ♀ ♀ ♀
TOEFL	♂ ♂ ♂ ♂ ♂ ♂ ♂ ♀ ♀ ♀ ♀ ♀ ♀ ♀
IELTS	♂ ♂ ♂ ♂ ♀ ♀ ♀ ♀ ♀

♂ 男生（万人）
♀ 女生（万人）

图14. 20. 参加不同英语考试人数的分布.

3. 线形图和曲线图

线形图（line-chart）和曲线图（curve）用于表达变量随时间或年龄改变的趋势（见图14. 21至图14. 26）。

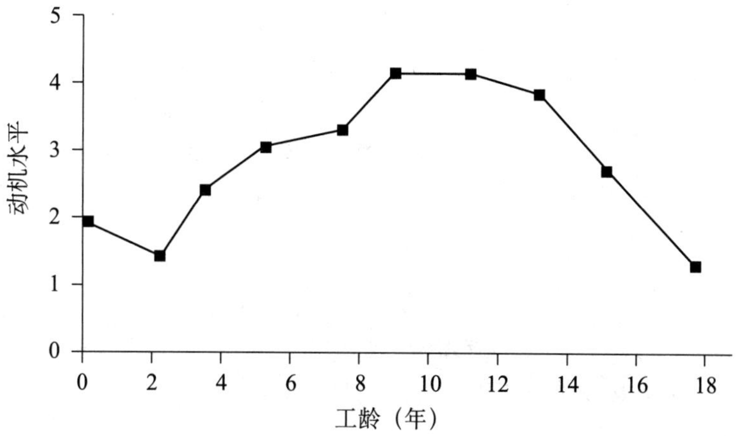

图14.21. 不同工龄员工的动机水平.

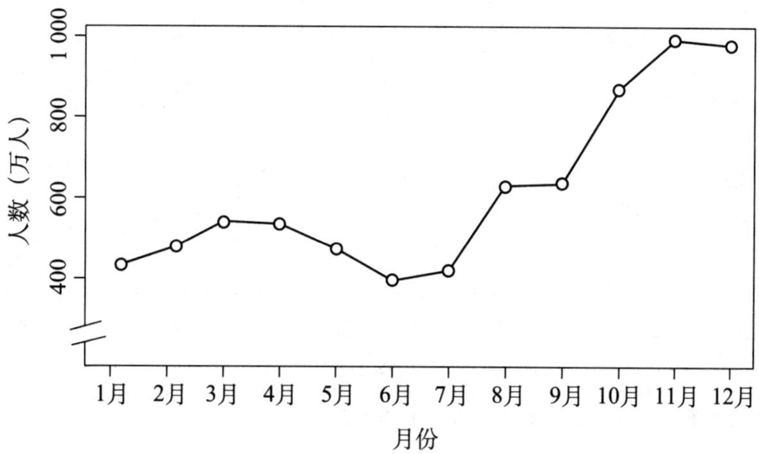

图14.22. 哈尔滨不同月份旅游人数.

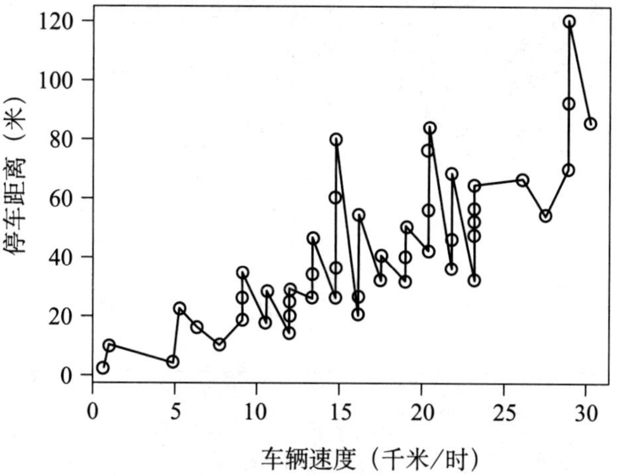

图14.23. 车辆行驶速度与刹车停车距离的关系.

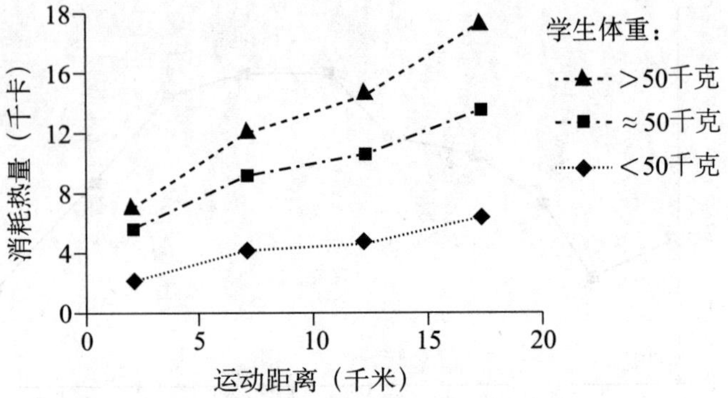

图14. 24. 不同体重学生运动距离与消耗热量的关系 .

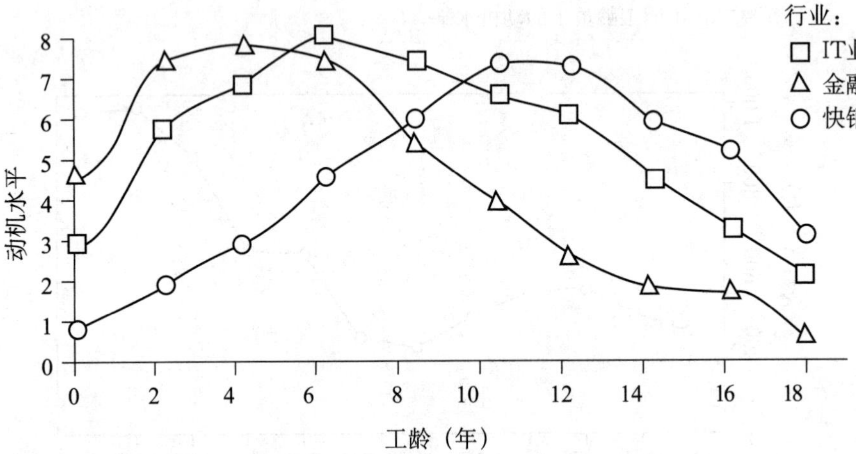

图14. 25. 不同行业员工工龄与动机水平的关系 .

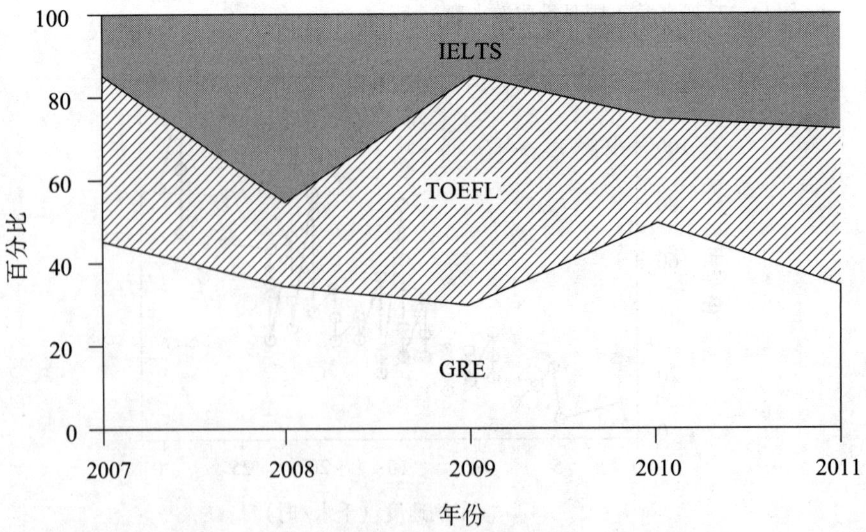

图14. 26. 不同年份学生参加各种英语考试人数百分比 .

4. 人口金字塔

在人口金字塔（population pyramids）中，两个条形图背靠背横放，共享其中一条坐标轴（见图 14.27）。

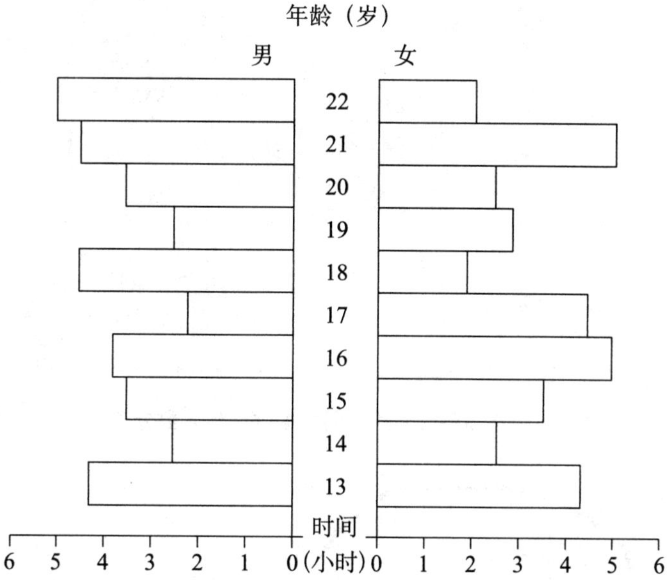

图 14.27. 不同年龄男女学生每天使用网络时间.

5. 地图与分布结合

地图与分布结合图见图 14.28 至图 14.30。

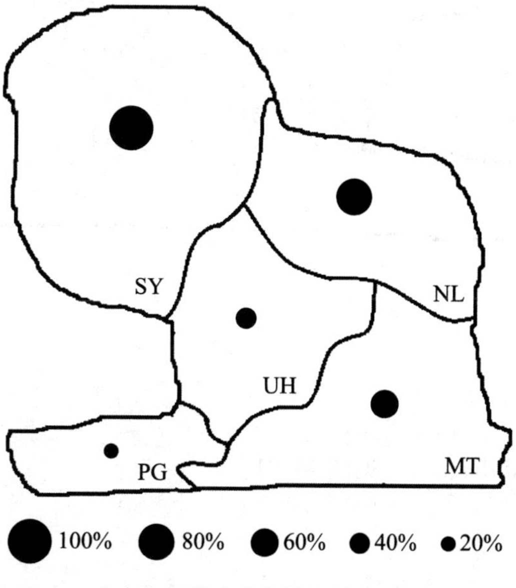

图 14.28. 三文岛各区学童参加课后辅导班比例.

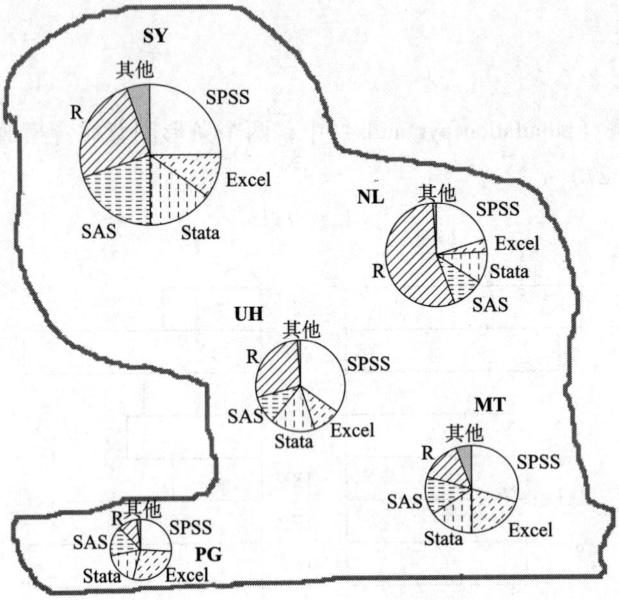

图14.29. 三文岛各区使用不同数据软件包人数分布.

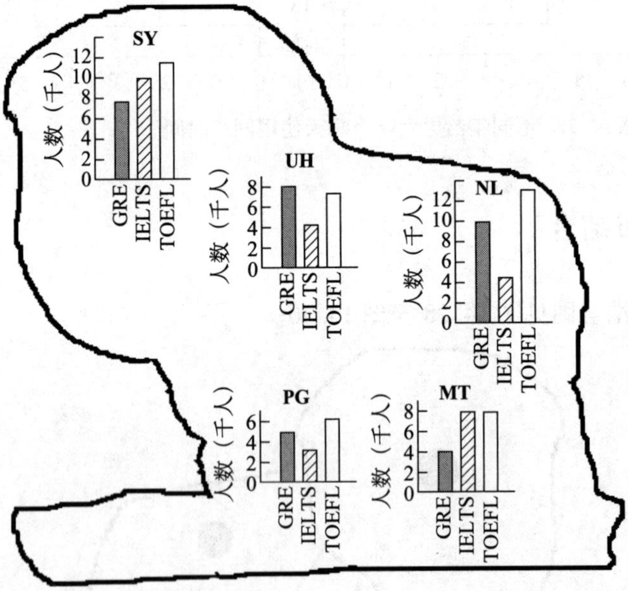

图14.30. 三文岛各区参加英语考试人数分布.

6. 结构图

结构图（structural diagram）见图14.31。

7. 一般流程图

一般流程图（flow chart）见图 14. 32。

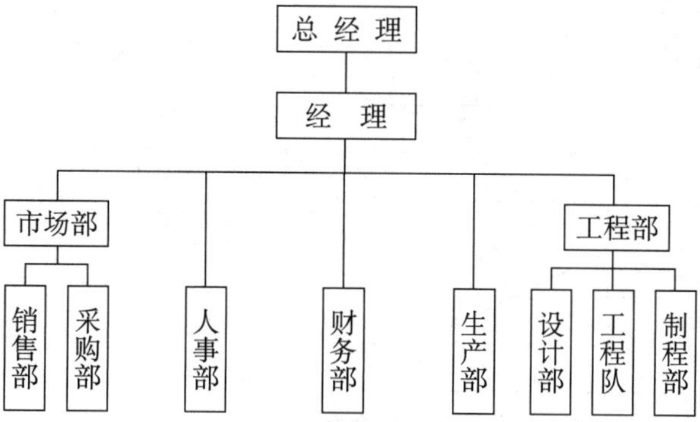

图14. 31. 大利公司各职系的关系 .

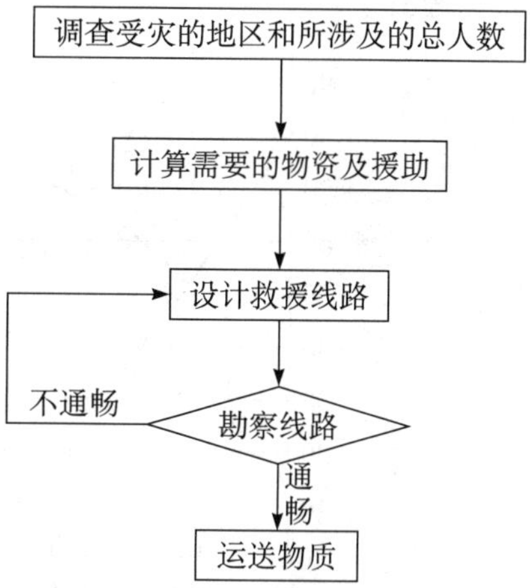

图14. 32. 救援指挥流程图 .

8. 实验流程图

实验流程图见图 14. 33。

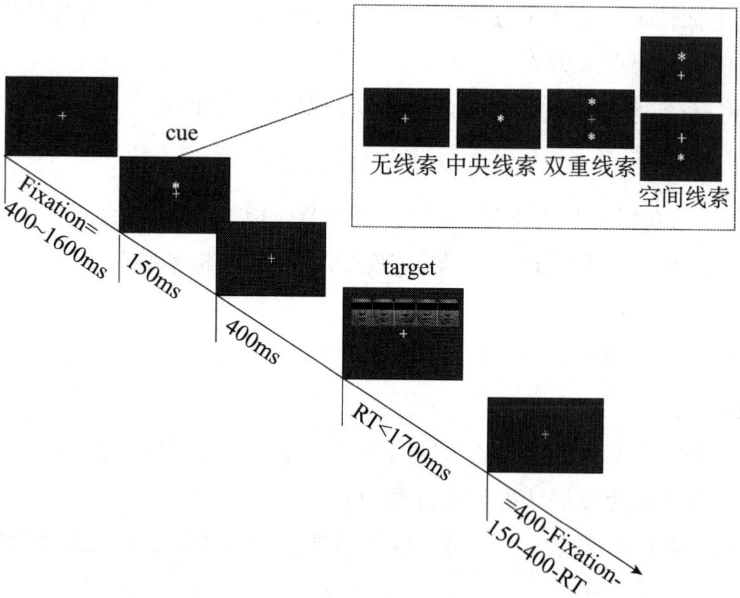

图14. 33. 注意网络测验单个试次示意图 . 取自“自我信息识别优势：来自注意定向网络的证据”，高虹，李杨卓，胡蝶，朱敏，高湘萍，胡天翊，2018，*心理学报*，*50*，pp. 1356－1368。中国心理学会 2018 年持有版权，获准在此重印。

课后练习及解析

练习1

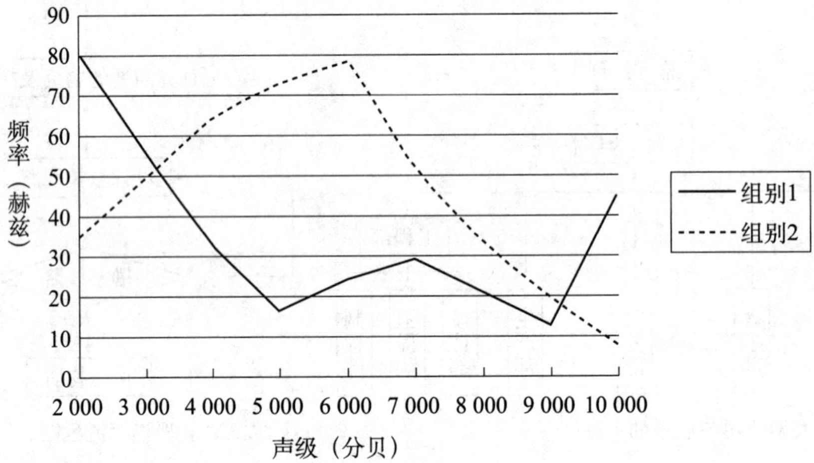

图1. 两组别于不同频率下测定之声级.

针对上述材料，以下说法哪些合理，哪些不合理？

（i）应删去背景横线。

（ii）应将坐标轴刻度线向外。

（iii）纵坐标轴名称的文字方向应与坐标轴方向一致（将字体旋转90度）。

（iv）坐标轴的起点应为0。

（v）应将点/实数据线改为使用两种不同数据符号的实线。

解析

（i）合理。避免插图显得混乱。（见：第二节　12. 删除干扰数据点的内容）

（ii）合理。避免干扰数据区。（见：第二节　10. 坐标轴的刻度线要向外，以免干扰数据区）

（iii）合理。即字体旋转90度。（见：第三节　7. 纵坐标轴名称的文字方向应与坐标轴的方向一致）

（iv）不合理。若以0为起点令图留下大片空白，可不以0为起点。（见：第三节　5. 选好刻度，尽可能使数据区得到充分利用）

（v）合理。可用不同点线、符号、线条粗细。（见：第二节　13. 数据符号应有明显的差别）

练习 2

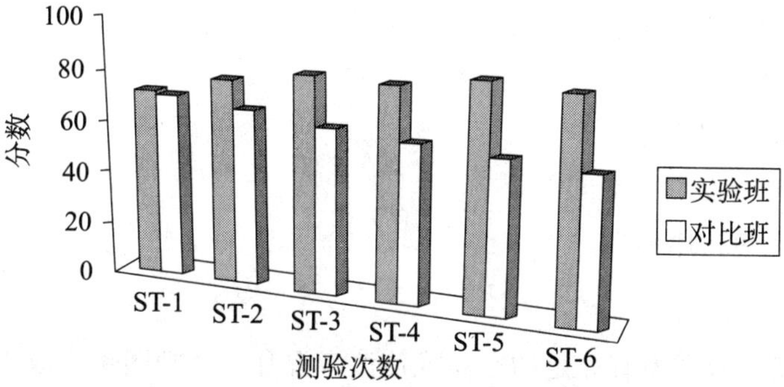

两班 NMST 平均分比较. NMST 为全国数学能力统测；ST-1 为于小学一年级进行的 NMST，如此类推。

针对上述材料，以下说法哪些合理，哪些不合理？

（i）相关专业术语应于正文阐明，不应于图中作注。

（ii）图注应置于图题后并另起一行，不应紧接图题。

（iii）使用了灰度区别两组数据，合宜。

（iv）以三维图展现数据，合宜。

（v）没有于图中提供图序。

解析

（i）不合理。较长的术语可于图中用缩写，但须加图注。（见：第三节　2. 需要解释的内容如果过多，可以放在图注里）

（ii）不合理。图注及版权信息等应紧接图题。（见：第二节　5. 可在图题后使用“注”）

（iii）不合理。不同灰度打印后未必清楚，尽量用黑白或条纹/网格。（见：第二节　14. 条形图不能用灰度来区别）

（iv）不合理。没有必要追求效果，应尽量用二维条形图。（见：第二节　15. 条形图中的条无须做成立体）

（v）合理。应于图题前加上图序。（见：第二节　2. 要有图题；3. 图题应当简短、精练、准确）

练习 3

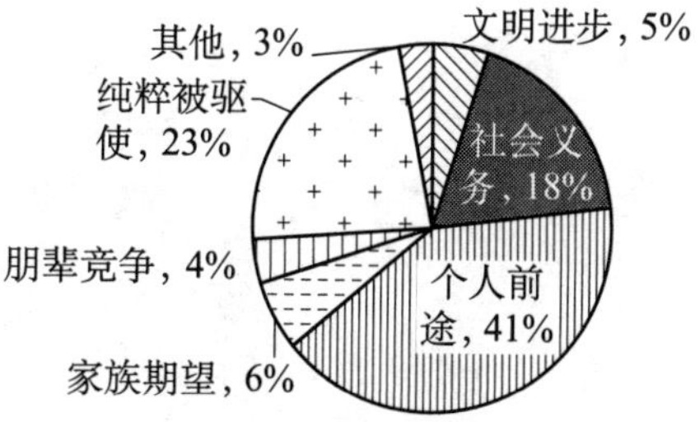

图3. 参与者学习动机的比较.

针对上述材料，以下说法哪些合理，哪些不合理?

（i）图例不应放在图形区。

（ii）组别过多。

（iii）组别顺序不当。

（iv）数据起始位置（角度）不当。

（v）组别颜色运用不当。

解析

（i）不合理。除非没有充足的空白或使读者混乱，否则图例应放于图形区，使图形更紧凑。（见：第二节 11. 若有足够的空位，应将图例放在图形区内）

（ii）合理。圆形图一般只能表达5至6组数据。（见：第四节 1. 圆形图）

（iii）合理。一般应从百分比最大的一组数据开始按顺序排列。（见：第四节 1. 圆形图）

（iv）合理。应由12点钟位置开始。（见：第四节 1. 圆形图）

（v）不合理。由浅至深排列，可运用条纹或网格等。（见：第四节 1. 圆形图）

第十五章

表达统计数据

关键问题

为什么要用统计数据？

统计数据应该包括哪些内容？

是否需要提供公式或计算过程？

在参数检验时要报告什么资料？

在表达统计数据时有哪些常犯错误？

报告各种常见统计（方差分析、卡方检验、回归分析、因素分析、结构方程分析、多层线性分析）结果，应该包括哪些内容？

为何要报告效应量、置信区间？

可否说“接近显著”？

第一节　表达统计数据的目的

实证性的研究报告都要根据实验或调查数据来表达作者的观点。仅用表格列出原始数据是很难看出意义的，必须对原始数据进行统计处理，然后才能使数据背后的规律显露出来。

第二节　表达统计数据的规则

1. 要报告异常数据的清理

在统计分析前，要进行数据检查及异常数据的清理。例如，计算出每个参与者对表演者的评分均值，按照 2 个标准差原则去除 2 个离群无效数据。

首先删去 3 名回答阅读理解题正确率在 75% 以下的参与者，这样有 35 名参与者的数据进入统计。然后删去阅读文章时间在 2 个标准差之外的极端数据，这样的数据占总数据的 0.34%。

如果数据非正态、非线性，为符合统计要求，若需要对数据做某些数学转换（numerical transformation，如对数转换或把非正态的数据转换为正态数据），应如实报告。

在统计分析后，要说明缺失数据是如何处理的。对异常数据检查及处理的描述，可放在“研究方法”或“结果”部分。

2. 每个统计分析都要报告自由度

在报告推论统计时，需报告统计名称、自由度或样本量、统计值以及显著水平；经常见到有的论文只报告 t、F 值而不包括自由度，这是不完整的。例如，

$F = 20.46, p < .001$ ［错误范例］

应改为下述等式样：

$F(2, 304) = 20.46, p < .001$ ［当 $p < .001$ 时，无须提供准确值］

$F(2, 116) = 3.71, p = .041$ ［当 $p \geqslant .001$ 时，应提供准确值］

$t(75) = 2.19, p = .032$

$\chi^2(4) = 12.34, p = .015$

3. 不要写 $p = .000$

虽然计算机会报告 p 值为 .000，但不能写为 $p = 0$（或 .000），因为计算机只报告某几个小数位值（如 3 个小数位），该 p 值的真正值并非 0。例如，

$p = .000\,034$ ［计算机可能展示 p 值为 .000］

应该写为

$p < .001$

4. 标准统计程序无须提供公式或计算过程

对于一般常用程序（如 t 检验、F 检验等），无须提供公式或参考文献。

5. 需要解释统计的情况

在下列情况中统计的情况要加以解释：

- 对不常用的统计方法，尤其是那些虽然在期刊中出现过，但是还没有列入一般统计教材中的方法，应简略介绍其方法，并给予参考文献。
- 有争议的统计数据，例如，当显著程度没有达到假设所认可的水平，但却认为它们可当作有差异时；或当差异达到假设的显著水平，但却认为这个差异微不足道时。
- 当文章的重点是数据处理方法或统计分析时，必须提供详细解释及对应的公式。

6. 同类的统计只需报告一种统计结果

也许我们在分析数据时尝试了多种统计方法，如果结果是一样的，就没有必要逐一报告。有些时候，不同方法的统计甚至等同，例如两组 t 检验改用 F 检验或回归，结果相同。此外，若此项分析涉及较多种相近的方法，例如，因素分析中用了多种不同的因素抽取方法或旋转方法，一般来说，只需描述它们的一致性或差异的部分，而且只需报告最核心的结果便可。当然，如果研究的核心是对这几个方法的比较，对这些方法的结果，我们或许需要提供更多的有关资料。

第三节　表达统计数据的常用实践技巧

1. 避免括号中套括号

为避免括号中套括号，可以把推论统计的表达作为一个句子来处理。例如，可以把

> 结果表明，女生得分远高于男生［$F(1,30)=9.45$，$p=.005$］。[错误范例]

修改为

> 结果表明，女生得分远高于男生；$F(1,30)=9.45$，$p=.005$。

2. 参数检验应尽量报告平均数、标准差、样本量

统计信息的呈现要完备。例如，在进行参数显著性检验（单组或多组方差分析，或者各类多因素均值显著性检验）时，我们应该提供样本量、各组的均值和标准差（或方差）等足够资料让其他学者可进行元分析（见表15.1）。

表15.1 *高中学生在不同锻炼持续时间下正负主观幸福感均值及标准差*

锻炼量	*n*	正性情感 *M*	正性情感 *SD*	负性情感 *M*	负性情感 *SD*
8周以下	34	18.74	4.90	33.06	9.38
8～12周	44	19.80	3.92	27.66	9.11
12周以上	79	20.43	3.80	26.62	6.23

注：n = 人数。修改自"身体锻炼对高中学生主观幸福感的影响及其心理机制"，陈作松，季浏，2006，*心理学报*，*38*，p.568。

在表15.1中，如果各组人数相同，可以把 n 放在表注中（见表15.2）。我们也可以把平均数和标准差放在一列中，用"±"连起来，表示为 $M \pm SD$。此外，亦可以把标准差放在括号内，只需在表注中注明。

表应自明，所以，即使正文中已经报告了人数，也应在表中反映出来。

表15.2 *优秀组学员与差组学员MBTI四个维度得分的M、SD及t值*

MBTI维度	优秀组（$M \pm SD$）	差组（$M \pm SD$）	t 值	p
外倾-内倾（EI）	18.97 ±6.92	15.61 ±8.04	4.28	<.001
感觉-直觉（SN）	19.72 ±5.86	19.67 ±5.38	0.09	.925
对事-对人（TF）	20.25 ±5.92	21.84 ±5.62	−2.64	.009
判断-认知（JP）	22.41 ±5.30	20.56 ±5.95	3.16	.002

注：$N_{优秀组}$ = 187；$N_{差组}$ = 180。修改自"初级军官心理选拔的预测性"，苗丹民，罗正学，刘旭峰，李云波，王京生，苏景宽，2006，*心理学报*，*38*，p.312。

3. 尽量在报告方差分析结果前提供必要的描述统计

在报告方差分析结果前，很多读者对各变量的均值及标准差（或方差）非常感兴趣，例如，用以计算效应量（effect size）的大小。在篇幅容许的情况下，要尽量提供这些资料。有的读者可能还关心方差是否齐性或者分数分布是否正态。若用图来表示描述统计，最好报告误差块（error bars）。

4. 在方差分析中报告主效应和交互作用的情况

在方差分析中，虽然一般会先顺序地报告主效应及交互作用的显著性检验结果，

但若交互作用显著，普遍来说，不能简单地描述主效应，需依靠交互作用图或其他的分析，才可进一步描述交互作用的结果。

5. 非参数分析应提供各种原始数据的总体描述

一般来说，对于非参数数据（例如，列联表 χ^2 分析、计数数据的分析），报告平均数往往没有意义，应报告中数或众数；同样，报告标准差也意义不大，应报告分数的范围（上、下限）。此外，亦应提供每一类别参与者数目、等级的分布等。

尽量报告各单元的计数，仅报告百分比不利于其他研究者做元分析（见表 15. 3）。

表 15. 3　*不同年级女生参加各项球类活动人数（百分率）*

	初中生	高中生
乒乓球	10（34. 5）	17（58. 6）
篮球	17（56. 7）	11（36. 7）
足球	19（23. 3）	14（16. 7）
排球	29（76. 7）	26（66. 7）

注：括号外是人数，括号内是占男女总人数百分率。每人可参与多于 1 项的球类活动。

6. 卡方检验应该用 χ^2

卡方检验可用下述方法表示：

$\chi^2(4, N=50)=5.36, p<.05$

统计名称、自由度、样本量、显著性都应列出。注意应该用 χ^2，而不是 X^2。

7. 报告随机分组、重复测量、多变量方差设计及分析

对于这些分析，尽可能报告每一个变量的基本描述性数据，包括平均数、样本量和方差-协方差矩阵等。

8. 基于相关矩阵的分析要报告相关矩阵

对于基于相关的分析，例如，多元回归分析、因素分析以及结构方程模型分析，我们应该尽量报告方差（或标准偏差）、协方差矩阵（或相关矩阵），以及在使用这些统计方法（如计算自由度）时所需要的相关的信息，例如，变量的均值、信度。我们也需要准确描述研究中的假设结构模型等数据（见表 15. 4）。

9. 报告回归分析结果

表 15.4 为一般多层线性回归所用的表格。

表 15.4 *个人背景、人格、动机预测升学期望的多层线性回归*

预测变量	模型 1 个人背景			模型 2 背景、人格			模型 3 背景、人格、动机		
	B	β	95% CI	*B*	β	95% CI	*B*	β	95% CI
常数项									
个人背景									
年龄									
性别（男 =1，女 =2）									
人格									
随和									
开明									
动机									
个人取向									
群体取向									
R^2									
F									
ΔR^2									

$^{*}p < .05$, $^{**}p < .01$.

10. 报告探索性因素分析结果

在报告探索性因素分析时，尽量提供决定因子数目的步骤（特征值、解释变量百分率）、提取因子方法、旋转（正交、斜交、因子相关）、因子负荷等资料（见表 15.5）。

表 15.5 *自信量表主成分分析的因子负荷及公因子方差*

题目	因子负荷 1	因子负荷 2	因子负荷 3	公因子方差
3. 我能计算艰深数学题	**.89**	.00	-.10	.80
4. 我做数学题目很有信心	**.70**	-.15	.08	.52
1. 我表达能力甚佳	.10	**.85**	.16	.76
5. 我语文成绩很好	.05	**.73**	.20	.58

注：大于 .30 的因子负荷以黑体标示。

11. 报告结构方程模型

除了用插图展示结构方程模型变量的关系外，可用表格展示及比较各结构方程模型的拟合指数（见表 15.6 和表 15.7，以及图 15.1）。

表 15.6　*变革型领导问卷不同验证性因素模型的拟合指数*

模型	χ^2	*df*	TLI	CFI	RMSEA
虚模型	7 827.41	325			
1 因素模型	1 893.31	299	.77	.79	.09
4 因素模型	911.73	293	.91	.92	.06

注：$N=615$。

表 15.7　*多组验证性因子分析各模型的拟合指数*

模型	*df*	χ^2	RMSEA	NNFI	CFI
$M_{0,M}$ 男生单独估计	24	49.57	.042 3	.969	.979
$M_{0,F}$ 女生单独估计	24	44.93	.034 7	.976	.984
M_1 两组同时估计但不设限制	48	94.50	.038 4	.972	.982
M_2 负荷等同	54	107.18	.038 9	.972	.979
M_3 负荷，PH(3,1)等同	55	107.52	.038 3	.973	.979
M_4 负荷、因子协方差等同	60	109.32	.035 4	.977	.981
M_5 负荷、因子协方差、误差方差等同	69	131.20	.036 4	.974	.975
M_6 负荷、因子协方差、误差方差、截距等同	78	149.96	.036 1	.975	.973
M_7 负荷、因子协方差、误差方差、截距等同，因子均值自由	75	132.23	.033 4	.979	.978
M_8 负荷、因子协方差、误差方差、截距等同，因子均值等同	78	146.77	.036 0	.975	.973

注：RMSEA = Root Mean Square Error of Approximation; NNFI = Non-normed Fit Index; CFI = Comparative Fit Index. 取自*结构方程模型及其应用*(p. 93)，侯杰泰，温忠麟，成子娟，2004，北京：教育科学出版社。教育科学出版社 2004 版权，获准在此重印。

12. 报告多层线性模型

多层线性模型（HLM）需报告的内容见表 15.8。

13. 统计上显著不代表有实际意义

需要留意显著性检验的各种局限，不要盲目崇拜显著性检验。简单来说，统计学上的差异显著，只是说差异可以从统计上辨别出来，可以认为差异不是因为随机波动造成的。但统计上的差异显著，并不意味着实际上差异有多大意义。

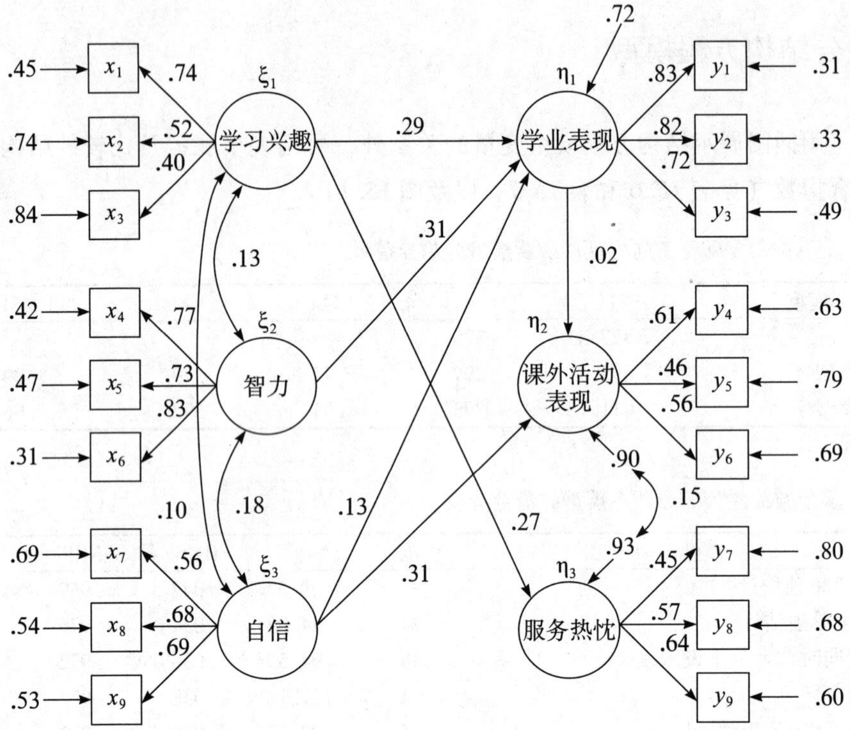

图15. 1. 学生学习兴趣、智力、自信对学业表现、课外活动表现和服务热忱的影响．取自*结构方程模型及其应用*（p. 68），侯杰泰，温忠麟，成子娟，2004，北京：教育科学出版社。

当样本量很大时，即使组间差异很小，也容易出现统计上的显著差异；当样本量很大时，即使相关很低（如小于0. 1)，也可能在统计上达到显著水平。例如，某种教学方法的最终结果，比传统方法高 1 分，虽然统计显著，但也可能没有多大实际意义，应小心解读结果，不能因此而大力推荐该种教学法。

14. 尽量报告效应量、置信区间

美国心理学会认为由于研究者容易过于依赖统计上的虚无假设检验，只报告检验结果是不够的。美国心理学会强调显著性检验只是众多分析的开始，我们应该报告效应量（effect size)、置信区间及其他资料以便读者更明了结果的意义。在使用置信区间时，最好全文都采用同一置信水平（如 95%），效应量可用原来或标准化后的单位报告，两者各有其优点。具体的表达方法如，

R^2 =. 18, p =. 006, 95% CI [0. 08, 0. 28]

15. 不要说“接近显著”

如果 $p = .058$，在结果部分不应表述为“边缘显著（$p < .06$）”或“接近显著”，因为显著程度应在研究假设中早已决定，若真有需要，可在讨论中描述数据虽未达显著差异（相关等），但整体趋势如何。

表 15.8 *预测高考成绩模型的固定及随机效应*

参数	模型 1 （家庭主导） 参数（*SE*）	模型 2 （学校主导） 参数（*SE*）	模型 3 （……） 参数（*SE*）	…… ……
		固定效应（fixed effects）		
截距				
第 1 层（学生）				
年龄				
性别（女 =0，男 =1）				
社会经济地位（个人）				
……				
第 2 层（学校）				
社会经济地位（学校）				
教师教龄				
教师性别				
		随机效应（random effects）		
第 2 层（学生）				
截距/截距				
年龄/截距				
……				
第 1 层（学生）				
截距/截距				
……				
−2 log likelihood				

注：社会经济地位为父母教育水平、家庭收入的因子得分。Log likelihood 可用于比较不同的模型。

$^{*}p < .05$.

课后练习及解析

练习 1

在实验中，回馈对自习次数的主效应显著，$F(1,24) = 32\ 587$，$p < .001$；线索主效应也显著，$F(1,24) = 172\ 318$，$p < .001$。进一分析显示，700 ms 呈现条件下，线索有助于回馈，$t(24) = 1.60$，$p < .01$。

针对上述材料，以下说法哪些合理，哪些不合理？

（i）在第1、2次提供 p 值时，没有提供准确的数值。

（ii）在第3次提供 p 值时，没有提供准确的数值。

（iii）尽可能提供效应量。

解析

（i）不合理。若 $p<.001$，无须提供准确的数值。（见：第二节　2. 每个统计分析都要报告自由度）

（ii）合理。若 $p>.001$，须提供准确的数值。（见：第二节　2. 每个统计分析都要报告自由度）

（iii）合理。不应只着眼显著性检验。（见：第三节　13. 统计上显著不代表有实际意义）

练习2

从表1可以看出，假设的三因素模型比备选测量模型（模型1至模型4）显示出更优良的拟合度：$\chi^2/df=1.63$；RMSEA = .06；CFI = .98。

表1　*测量模型比较（N = 200）*

模型	χ^2	df	$\Delta\chi^2$	RMSEA	CFI
Null	735.82	195			
三因素模型	254.91	156		.06	.98
模型1	365.09	172	59.23(p = .002)	.14	.88
模型2	311.92	174	45.18(p = .005)	.16	.67
模型3	309.67	173	41.76(p = .008)	.17	.63
模型4	372.54	178	83.27(p = .006)	.19	.54

与此同时，趣味氛围对创意绩效的间接效应显著，$\beta=.42$($p=.015$, 90% CI = [.06,.95], $\alpha=.05$)；其中，趣味氛围对团队创意效能感的效应为.33($p=.003$)，趣味氛围对团队创意绩效的直接效应为.09（不显著），模型整体拟合良好：$R^2=.17$，$F(2,48)=4.80$，$p=.019$，95% CI = [.05,.27]。因此，创意效能感在趣味氛围和团队创意绩效之间起到中介作用。

针对上述材料，以下说法哪些合理，哪些不合理？

（i）比较模型1至模型4时卡方检验的相关资料不足。

（ii）没有提供统计程序及方法的过程或相关文献。

（iii）没有采用一致的置信水平。

（iv）使用太多括号。

解析

（i）不合理。当然亦可在“方法”部分提供相关文献。（见：第三节 6. 卡方检验应该用 χ^2）

（ii）不合理。常见统计方法，无须介绍。（见：第二节 4. 标准统计程序无须提供公式或计算过程；5. 需要解释统计的情况）

（iii）合理。全文应尽量采用同一置信水平。（见：第三节 14. 尽量报告效应量、置信区间）

（iv）合理。应避免括号中套括号。（见：第三节 1. 避免括号中套括号）

第十六章

引用参考文献

关键问题

顺序编码制和著者-出版年制，这两种格式有何不同？

如何正确列出参考文献？

如何在正文中引用文献？

如何在文末列出各参考文献？有什么规则要遵守？

如何列出元分析报告时的参考文献？

如何处理涉及版权的问题？

如何引用二手文献？

如何引用佚名文章？

第一节 引用参考文献的目的

论文中只要是引用别人的观点或事实，就应该提供文献来源。标注引文既是对前人研究的认可，也反映了整个研究的延续性。如果在论文中引用了别人的成果，但没有引文标志，读者就以为那是作者的观点。如果论文中作者的观点与引文的观点经常出现界限不清，可视为剽窃。

如果研究设计和结果都没有问题，论文也写得不错，只是参考文献很混乱，文章引用的文献与文后所列的文献完全无法对应，且文献格式也不一致，那么文章质量必然受影响。一般来说，编辑认为参考文献的准备是整个研究最基本的工作，这项工作都没有做好，则说明作者做研究的基本功还有待提高，进而可能影响到对整个文章的评价。编辑可能会请作者做好文献工作后再投稿送审；就算文章能送审，审稿员对文章的印象也会很差。

第二节　引用参考文献的规则

1. 必须准确

参考文献是整篇论文中最无法突出或显示作者个人风格的部分，也是读者误以为简单的工作。但文献引用不准确或错误引用，会影响读者的理解，也表明作者不够严谨和粗心大意，会影响作者的学术名声。准确全面地表述与研究有关的参考文献，是不可忽视的工作。

2. 正文引用和参考文献列表要一一对应

正文中的文献引用都要能在文后的参考文献列表中找到。反过来，文后的文献列表中的所有文献也要在正文中有地方引用。作者应小心校对，亦可使用专门的参考文献软件，以减轻在这方面的工作量。

注意文献列表前应有“参考文献”的标题名称，不要写成“主要参考文献”。

3. 外国人的姓名无须翻译为中文

在正文中，一般只说外国人的姓氏，直接写原文英文姓氏，无须翻译为中文。因为是音译，每个人的翻译方法不一样，中国内地与港台地区的说法可能也不一致，写原文可以减少误解。即使特别有名的如弗洛伊德、冯特等，也可考虑无须翻译为中文。

4. 注意版权问题

如果我们的引述太长或采用他人的某些图表，可能需要得到原作者或版权人的书面同意。一般来说，从单一期刊文章或书中的某一篇章取用不多于 3 个图表、400 字节录或 800 字的连串节录，不用正式向美国心理学会申请核准（例外及详细条款，见 www. apa. org/about/contact/copyright/index. aspx）。不过，不同出版社的要求不尽相同，需小心核查。

第三节 引用参考文献的常用实践技巧

1. 应尽可能引用近五年的参考文献

新近的参考文献可以反映研究的时效性，所以除了一些与研究十分有关的较旧的经典文献外，应尽量引用新近的文献。如果引用的文献缺乏近几年的，一种可能是作者在做一些根本没有人有兴趣的课题，另一种可能是作者没有把握最新的研究进展，当然亦有可能是作者真的找到一个十分重要，但广受忽略的课题。

一般而言，由于网络技术的发达，现在的作者遇到的问题可能不是找不到文献，而是找到的文献太多。当然，过去的文献依然很重要，特别是一些里程碑式的研究文献，在介绍研究的背景时就需要引用。

2. 尽量避免只阅读文章的摘要

应该负责任地阅读文献的全文，确信自己的引用无误，不能单靠文章摘要。如果确实找不到全文，那么在文献中应注明参考的是摘要。

如果只是阅读了数据库中的摘要，那就应该在参考文献中反映出来，即在文献列表的文章文题后面的括号内加“摘要”或“abstract”。

3. 尽量避免引用二手文献

尽可能避免引用二手文献。但如果确实找不到原文，或是英语以外的其他语文，那就应该实事求是。不应直接照抄二手文献中的文献来源，这会让人觉得作者就是读了第一手的文献。

假设我们引用“Li (2010)”内有关“Xi (1950)”的描述，在正文中我们用下述方法说明：

Xi suggested that Chinese migrants were extremely hard working (as cited in Li, 2010)

在参考文献中只需列出“Li (2010)”的资料。

4. 尽可能引用实证研究或元分析

文献来源可简单分为四种：非正式的个人意见（opinion）、文献综述、实证研究的结果及元分析。如果是引用文献来支持自己的观点，一般来说最好是引用后面三种，因为个人意见还需要实证研究的支持；当然某领域权威的个人意见，仍是值得参考的。

5. 一般不要把教科书列入参考文献

只有经过大量研究，被多数人认可的观点才能写进教科书中，所以，教科书的内容多来自研究报告。一般不把教科书作为文献的源头。如果确实要引用其中的内容，应引用第一手的研究报告，而非第二手的教科书。

对于统计方法，除非用了特殊统计方法，否则无须引用教科书去解释一般的统计方法。

第四节　正文内引用文献的格式

1. 区分两种文献格式

在心理学论文中，文献的引用和书写格式主要有两种，即顺序编码制和著者-出版年制，这两种格式各有利弊。国际上多数心理学、教育学、社会学等期刊都遵照美国心理学会（APA）的著者-出版年制。

简单来说，在著者-出版年制中，我们把著者的姓名（外国人只写姓）和出版年直接作为句子的成分。例如，

余金坤（2005）提出了……

我们亦可以把著者的姓名（外国人只写姓）和出版年放在括号中，置于引用处的末尾。例如，

学业成绩对自信有影响（余金坤，2005）。

在顺序编码制中，我们在引用处用方括号内加数字的上标形式，括号内的数字是文献编号，是按引用顺序编排的。

在文后的参考文献列表中，著者-出版年制的前两个项目是著者姓名和出版年，出版年放在括号中，顺序编码制的第一个项目也是著者姓名，但出版年放在期刊名称或出版社名称的后面。而且对著录格式、符号等的要求也不一样，我们应该参考有关出版手册。

著者-出版年制的优点是引文的作者和出版年一目了然，可以让读者知道某观点是什么时候提出的，以及由谁提出的。顺序编码制的优点是简洁。

2. 两种文献格式不要混用

顺序编码制和著者-出版年制，在正文中的引用标记和文后的文献书写都不相同，不能混用。

本书内容尽量遵循《出版手册》第6版（2009）的规定；如果涉及中文，则以中国心理学会（2016）的建议为准则。

3. 把重要研究者的姓名作为正文句子的成分

每份文献都有著者，但在行文中不一定都要说出著者的姓名。在著者-著作年制中，有两种引用方式，一种是在正文中直接引用作者的姓名。例如，

曾美眉（2010）发现青少年吸烟主要是……

Zeng (2010) found that adolescents smoke because...

另一种是在引用处的后面用括号标注作者姓名和年代。例如，

研究显示青少年吸烟主要是……（曾美眉，2010）。

Adolescents smoke because...(Zeng, 2010).

如果某人的研究非常重要，就要采用第一种方式，以突出作者。例如，

In adolescent research, Marsh et al. (2011) have shown importantly that children's self confidence generally decreases as they grow older.

张永升（2009）首先提出这个解决方法。

如果不重要，只是引用了某研究的一个结论或论点，应该采用第二种方式。例如，

Children usually pay attention to things that interest them (Pun et al., 2011).

孩子只关心他们有兴趣的事情（张永升，2009）。

4. 文献作者有1或2人

如果文献作者只有1或2人，则每次引用均应列出所有作者。例如，

研究发现……（张其，李生，2012；Chan & Wang，2010）。

Recent research showed that... (Zhang & Li, 2012; Chan & Wang, 2010).

陈大文和王小文（2010）发现……

Chan and Wong (2010) found that...

5. 文献作者有 3 ~5 人

如果文献作者有 3 ~5 人，则在首次引用时须列出所有作者。例如，

研究显示，学生成绩呈上升趋势（陈大文，李子呈，王小文，2010）。

Children generally overestimate their ability (Chen, Li, & Wang, 2000).

陈大文、李子呈和王小文（2010）研究了……

Chen, Li, and Wang (2000) showed that children overestimated their ability.

以后则列出第一作者，并用“等”或“et al. ”取代其后作者。例如，

Chen et al. (2000) also demonstrated that children had a less accurate perception of own academic achievement.

各国研究显示青少年通常因此更反叛 (Chen et al., 2000) 。

不同研究表明阅读速度不会改变 (田维等, 2009; Tian et al., 2007) 。

6. 文献作者有 6 人或以上

如果文献作者有 6 人或以上，则在首次及以后都只列出第一作者，并用“等”或“et al. ”取代其后作者。例如，

Wang et al. (2011) demonstrated that children were over-optimistic.

Research showed children were over-optimistic (Wang et al., 2011).

7. 首作者姓氏相同

对英文作者，若首作者姓氏相同，则同时列出姓氏及名字缩写。例如，在正文中，每次引用 Chen, G. L. 或 Chen, H. S. ，就算文章年份不同，也需要同时列出姓氏及名字缩写，以做区别。例如，

B. L. Chen (2010) and H. S. Chen (2009) believed...

Results (B. L. Chen, 2010; H. S. Chen, 2000) showed that...

8. 句子内已包含姓氏及年份

在一些罕有情况中，当姓氏及年份已包含在句子中时，则无须再使用年份加括号的格式。例如，

世界卫生组织于2001年推动学童心理健康，同年董瑞发表的一项对100名心理创伤学童追踪研究，认为新的治疗方法效果显著，但董瑞于2009年再评估该批学童并发表另一报告，显示这100名学童中大部分（85%）再次出现抑郁病征。

9. 用“等”引致混淆时的处理

若多篇文章用“等”或“et al.”缩写时引致混淆，则要列出足够作者以做区分。例如，

Yuan, Pun, Yu, & Zhang, 2009

Yuan, Yu, & Pun, 2009

Yuan, Xia, Yu, & Li, 2009

在上述3个例子中，全缩写为“Yuan et al., 2009”将引致混淆。所以，在第二次及其后出现时，

Yuan, Pun, Yu, & Zhang, 2009

应缩为

Yuan, Pun et al., 2009

而

Yuan, Yu, & Pun, 2009

则应保持不变，因为即使缩为“Yuan, Yu et al., 2009”，与原来的名字长度也差不多，未能有效缩短。同样，

Yuan, Xia, Yu, & Li, 2009

应缩为

Yuan, Xia et al., 2009

10. “and”及“&”

对于英文文献，在括号内以“&”连接两个作者或两个以上作者的最尾两个作者，

在括号外则用“and”。例如，

While Li and Huang (2008) (see also Huang, Wu, & Li, 2011; Wu & Li, 2010) found...

11. 作者是团体、单位、组织

如果文献作者是团体、单位、组织，则首次出现时可用全写，其后用缩写，但以让读者能有足够资料去从“参考文献”中找出相关条目为原则。例如，首次出现时用

学生考试成绩近年有上升趋势［中华人民共和国教育部考试中心（考试中心）2009］。

中华人民共和国教育部考试中心（考试中心，2009）报告显示学生考试成绩近年有上升趋势。

Students have been steadily improving their examination results in recent years [National Education Examinations Authority (NEEA), 2009].

Reports by National Education Examinations Authority (NEEA, 2009) showed that students have been steadily improving their examination results in recent years.

其后出现时用

女生参与考试的人数比例也有上升趋势（考试中心，2009）。

The female participation rate in public examinations has also been increasing (NEEA, 2009).

在“参考文献”中则用

中华人民共和国教育部考试中心（考试中心）. (2009)……

National Education Examinations Authority (NEEA). (2009)...

12. 佚名文献

当文献没有作者，也并非以机构或团体为作者时，我们就用文献题目开首几个字作为作者名称（如果以括号形式呈现，还需加引号）。例如，

在留守儿童（2009）报告中……

当父母离开家乡外出工作（“留守儿童”，2009）……

As found in the Students at Risk (2010) report...

When the parents are not working in their home town (“Students at Risk,” 2010)…

在“参考文献”中，则用完整文题或书名替代作者姓名，并以此排序。

当文章以“佚名”或“Anonymous”为作者时，我们以此为作者。例如，

People tend not to use their real names when they disagree with their superiors (e.g., Anonymous, 2010).

In agreement with others, Anonymous (2010) recommended…

在“参考文献”中，则以“佚名”或“Anonymous”为作者排序。例如，

佚名. (2010).

Anonymous. (2010).

13. 括号内次序

与“参考文献”中的次序相同，正文中不同作者也以姓氏笔画或英文字母次序排列，并以分号分隔。若姓氏相同，则以名字排列；同一作者的多篇文献，则以年份排序。付印中（in press）排最后。同一作者（或两篇文献的所有作者及次序相同）、同一年份的多篇文献，则以文献题目名称排序，再在每一篇文献的年份后加上英文字母做区分。例如，

不同研究（魏德圣，2008，2009a，2009b，2009c，付印中 – a，付印中 – b）均指出……

Li (2010, 2011a, 2011b, in press-a, in press-b) suggested…

14. 较重要文献

若所引用的文献中有轻重之分，可以引述较重要文献，再用“亦见（see also）”列出其他次要的文献。此外，亦可以用“但见（but see）”展示次要但持相反意见的文献。例如，

大部分研究均指出这方法并无效果（李昌耀，2009；曾志行，2010；亦见王增强，2009；林嘉杰，2008）。

Research supported this hypothesis (White, 2010; see also He, 2009; but see Lee, 2009)…

15. 同一段内无须重复年份

当在同一段内重复引述某篇文献时，在不引起混淆的情况下，第二次及其后引用无须重复年份。例如，

潘汉杰等（2009）认为……但如果我们比较各研究的方法，不难发现，潘汉杰等采用……

Pun et al. (2011) believed Wu (2009) was wrong. It was based on Pun et al.'s more recent meta-analyses of related studies.

16. 缺日期

一些经典作品，出版日期不详，此时，年份以“日期不详”（或 n.d., 即 no date）取代。

17. 翻译作品

若知道原作品及所用译本的出版日期，将它们并列。例如，

Stevenson（1860/1953）屡次强调……

若只有译本及某版本日期，则只列该年份。例如，

（White，1950 译本）

18. 指定部分

若需要引述参考文献的某指定部分（如某一方程、表、图），可加注页码。例如，

依张华楠（2009，p. 263）方程 3……

19. 个人通信

一般来说，个人通信交流、沙龙谈话等不应作为参考文献的来源。学位论文虽然是非正式出版物，但因为部分能从图书馆查到，有的还可以从网络上下载，所以应该可以作为参考文献。

在罕有情况下，并得到对方同意，需引用私下的通信内容（如电邮、书信），且只是引用学术上极相关的内容时，则应在文章中注明，并列出全名（或英文名字缩写），但无须包括在参考文献清单内。例如，

杨瑞（个人通信，2009年5月8日）认为……

P. A. Li (personal communication, December 25, 2009) agreed with our argument that...

20. 直接引用须加引号

如果我们在文章中直接引用（quotation，原文抄录）其他研究者的原文，并准备一字不改地抄写，则必须用指定的格式展示原文，并注明出处以及页码（p. = page; pp. = pages）。对前人观点用自己的文字表达（citation），一般无须注明页码。

在研究中直接引用他人的资料时，应注意以下几点。

（1）直接引用少于40个字时用引号，可以加插在正文段落内，用双引号标示。例如，

Cheng（2010）认为“孩子最需要的是父母的关怀”（p. 567）。

“人生必须勇于尝试”（Li, 2009, pp. 242－243）。

欧阳志浩（2010）指出这是一个常见的错误，“若不小心处理，会高估各变量的关系”（p. 32）。

因为“若不小心处理，会高估各变量的关系”（欧阳志浩，2010，p. 32）。

欧阳志浩（2010）指出，“若不小心处理，会高估各变量的关系”（p. 32）。

（2）多于40个字时应左边缩格另起一段，页码放于这段文字之后。视乎语句重点，可用下述其中一种格式。例如，

在审视及比较这三类研究后，刘顺宜（2010）认为，

> 这些研究均忽视参与者的背景，他们的教育水平、性别及年龄均会影响他们在各测验中的表现，令各研究的结论看来互相矛盾，难以解释。（p. 330）

不同意这观点的人甚多，部分人认为，

> 在这科技日益进步的社会……。（Wang, 2009, pp. 143－144）

不同意这观点的人甚多，Wang（2009）认为，

> 在这科技日益进步的社会……。（pp. 143－144）

（3）即使原文是错误的，直接引用时也要忠于原文；若原文有明显错误（在下面例子中，依原文意义，应为“社会”），我们可在明显抄写或排版错误旁标明“[sic]”（intentionally so written，依原文）。例如，

Cheng（2010）认为“在这科技日益进步的杜 [sic] 会，不懂得运用网上传销方法，难以将新产品带入市场”（p. 567）。

Cheng (2010) believed “people easily missused [sic] modern technology” (p. 332).

有需要时，亦可改动原文的标点符号，以符合全句的需要。例如，该引用句子放在句末，可加插句号。

（4）有需要时，可加插少量词句，放在方括号内，令文句意义更清晰。例如，

Hu (2011) suggested that “[this] was due to a miscalculation of the sample size” (p. 18).

（5）为令原文引用内容更清晰，我们可能引用较长的原文，但删去部分无关的字句。此时，可用省略号（英文用“...”，中文用“……”）替代删去的部分。

如删去部分跨句，中文稿件用 6 点“……”，英文稿件则用 4 点“.... ”替代。例如，

这是实验设计上的错误。“参与者可能预知实验目的……感到成绩不重要”（李卓霆，2010，p. 201）。

This is an obvious mistake. “The participants were awared that their performance in the study.... would not affect their final examination results” (Li, 2010, p. 201).

（6）如果引用文字中也引用了文献，我们需要保留，但无须在“参考文献”中列出。例如，

Cheng（2010）认为“在这科技日益进步的社会，使用电子付款系统的人按年倍增（Lee, 2005）”（p. 567）。[在“参考文献”中无须包括“Lee (2005)...”]

第五节　文末“参考文献”的格式

1. 参考文献各项须引述准确

参考文献引述不准确，其影响是巨大的。

对读者来说，他们会根据参考文献来评价你的研究问题是否适当，或根据你提供的参考文献去追踪相关的资料。如果根据你提供的线索无法找到，读者亦会质疑文章

的质量。

如果参考文献内容不完整，一些出版执行编辑或引文软件或许会提醒你补充。但如果你引用错误（A研究错引B研究），则无法在排印过程中察觉，作者应小心校对。

参考文献中各项的顺序以及符号都是有规定的，不能随意地按照作者自己的逻辑来写。下面列出常用的规则。

2. 专著

专著的书写格式为：

著者.（出版年）. *书名*（版本）. 出版地：出版者 .

例如，

朱智贤 .（1993）. *儿童心理学*（修订版）. 北京：人民教育 . ［无须写“人民教育出版社”］

White, J. R., & Black, G. H. (2010). *Human memory*. Washington, D.C.: Winston.

3. 编著书籍

对于编著书籍，须放“(Ed.)”“(Eds.)”或“编”在最后一名编者之后。英文编者间用逗号分开，于最后两名编者间用“&”连接。例如，

陈大文 .（编）.（2009）. *青少年心理* . 上海：商务 .

Chen, L. S. (Ed.). (2009). *Child psychology*. San Diego, CA: Good Books.

Zhang, A. X., Huang, L. M., & Wu, Z. H. (Eds.). (2010). *Popular psychology made simple*. London, UK: Fine Books.

4. 专著中的篇章

专著中篇章的书写格式为：

著者.（出版年）. 题名 . 见（In）原著编者（编）(Ed.), *书名*（页码）. 出版地：出版者 .

例如，

吴成.（2010）. 儿童语言的发展 . 见周国柱（编），*发展心理学*（pp. 56－84）. 北京：人民 .

Hu, S., Li, X., & Wang, B. (2011). Value education in Chinese societies. In C. Y. Li, & Y. Y. Huang (Eds.), *Value education for students* (pp. 231 – 251). Beijing, P. R. China: Education Books.

5. 先姓后名

作者名称，先姓后名，如果引用英文编著书籍中的某一章，须列出编著者姓名，其名字则先名后姓。例如，

White, A. B., & Black, C. D. (2011). Adolescent drug addiction. In E. F. Wang, G. H. Huang, & J. K. Xia (Eds.), *Adolescent problems* (pp. 46 – 56). Shanghai, P. R. China: Asian Books.

6. 期刊中的文献

期刊中的文献的书写格式为：

著者.（出版年）. 文题. *刊名*，*卷*（期），页码（在原文献中的位置）.

例如，

徐大祥.（2009）. 企业管理与员工的工作满足感. *管理心理*，*18*，149 – 165.

杨丽霞，傅小兰.（2002）. 视–听跨通道汉语词汇信息加工中的抑制机制. *心理学报*，*34*，10 – 15.

Chang, L., & Geary, D. C. (2007). Special issue on evolutionary psychology. *Acta Psychologica Sinica*, *39*(3). (whole issue)

7. 技术报告

技术报告的示例如，

罗富强.（2009）. *跨年学童阅读能力等值方法的比较*（心理测量技术报告系列 3 – 11）. 湖南长沙考试中心.

李永明.（2010）. *石家庄学童精神健康普查方案*（学校改革系列 18 号）. 河北石家庄：教育系，河北师范大学.

Chen, L. J. (2010). *Sampling Strategies for norm building* (Psychometrics Technical Rep. No, 4 – 1). San Diego, CA: Examination Service Centre.

8. 多于7名作者

如果文献作者多于7名，则只列出头6名及最后1名（刚好7名作者时则全列），以省略号替代其余作者姓名。例如，

Chen, L. J., Li, Y. C., Huang, L. G., He, C. F., Hu, Y. D., Lo, C. H., …Xia, T. (2009). Parental relation and children's social development, *Journal of Child Education, 12*, 865-872.

范一，金二，石三，廖四，贾五，夏六，……韦十. (2010). 梦境与现实. *心理分析*, *21*, 33-44.

9. 英文名有“-”号

作者英文名有“-”号连接时，应保留，在缩写字母后亦要加点号。例如，

Chen, L. -J. (2009).

10. 没有作者

在没有作者时，则以文题替代作者姓名，排序时亦不计算标题中“a”“the”等不重要部分。例如，

青少年犯罪激增. (2009年8月18日). *青少年导报*, A3页. ［在正文引述时用（“青少年犯罪”, 2009）］

当文章以“佚名”或“Anonymous”为作者时，以此为作者。例如，

佚名. (2011).

Anonymous. (2011).

11. 官方文件

官方或机构性文件，由某机构出版，但缺少作者姓名的文件，可以用机构的名称替代作者位置。在排作者名称次序时，不计机构名称内“a”“the”等不重要部分，以主要母体单位为主。此外，如果由大学内某部门出版，则以大学为作者，部门列为次要单位。例如，“The Chinese University of Hong Kong. (2009)”以“Chinese”排次序。

文化出版社. (2010). *通用词典*. 上海: 作者.

American Psychology Association. (2010). *Publication manual of the American Psychological Association* (6th ed.). Washington, D.C.: Author.

The Chinese University of Hong Kong. (2011). *Academic development proposals: Triennial Planning 2012 – 15*. Provost's Office.

Wang, X. D. (2012). *Five year plan*. Retrieved from the Chinese University of Hong Kong, Academic Planning Office website: http://www.cuhk.edu.hk/abc/def/ghij.pdf

另外，机构名应采用官方全名。例如，

The Chinese University of Hong Kong [不可缩为 CUHK]

American Educational Research Association [不可缩为 AERA]

12. 付印中文章

有时能从同领域研究者中取得“付印中（in press）”文章，在正文中引用时，以“(付印中)”或“(in press)”替代年份，在文末“参考文献”中以“付印中”或“in press”替代年份，但只列出期刊名称，不列卷数、期数及页码。

Shu, H. (in press). Children's reading behavior. *Journal of Chinese Reading*.

13. 未曾发表的文章

对于未曾发表的文章，可注明大学或机构名称。若文章已投稿，但尚未被接纳，不应列出期刊名称。例如，

傅大圣. (2010). *青少年面对逆境的种类及其应付的策略*. 未曾发表的稿件，民族大学，湖南长沙.

Cheng, S. (2009). *Dementia among scientific professionals*. Unpublished manuscript. University of San Diego, CA.

14. 何时须加月、日信息

若必须列出月、日，才能使引用的文献完整，应注明这些信息。例如，

方化. (2009, 8 月). 阅读与短期记忆. *教育月刊*, *40*, 16 – 18.

Lui, F. (2009, September 29). *Drop out in school.* California Daily, p. B1.

白小明.（2009，6月5日）. 青少年吸毒问题. *青年周报*，*235*，1138－1140.

Lin, X. L. (2010, November 3). Drug abuse. *New York Magazine*, *650*, 231－239.

New ways to help students with learning disabilities. (2009, December 20). *Singapore Daily*, pp. A5, A6. [跨不同页码]

15. 非连续编排的期刊，一定要写期号

一般来说，多数期刊某一卷内的各期的页码是连续编排的，即每期均由前一期的最后一个页码开始计算（如《心理学报》及大部分国外期刊），所以，只要写清楚卷号就能查到该文献。但有少量期刊或周刊的页码不是连续编排的，每期都从第1页开始编页码，这时就一定要提供期号。例如，某期刊2010年第40卷共4期（1～4期），每期均由第1页开始，在参考文献中，该期刊的文章需包括期号。例如，

李永.（2010）. 少年课余活动. *青少年研究*，*40*（2），1－12.

16. 阿拉伯数字

就算一些书籍或期刊用罗马数字，但为易于明白及节省位置，也全改用阿拉伯数字，例如，

Vol. III

应改为

Vol. 3

17. 起止页码

引用书籍某一章，必须包括起止页码，放于书籍名称后括号内。例如，

崔耀.（2000）. 心理语言学. 见朱滢（编）. *实验心理学*（pp. 400－431）. 北京大学出版社.

White, R. A. (2010). The personal striving approach to personality. In L. A. Black (Ed.), *Human development* (pp. 80－112). Hillsdale, NJ: Popular.

Marsh, J. G. (2010). Developmental issues in youths. In A. B. Zhou, & Y. L. Yu (Eds.), *Child development* (pp. 144－155). New York, NY: Academic Books.

18. 出版地

《出版手册》对出版地在美国的书刊，只要求列出州及市名称；对美国以外出版的书籍，则要求列明国家及城市名称。过往对大城市如纽约、洛杉矶、伦敦、巴黎、莫斯科、东京，我们无须列出州（省）名称。《出版手册》要求对这些知名城市同样列出州（省）名称。对一些已包含州（省）名的大学或其出版社无须重复州（省）名。

19. 出版者

出版社名称应尽量简短，可保留“会社”“大学出版社”等名称，但应删去其他多余的“出版社”“公司”等词；英文可保留“Press”和“Books”，但不保留“Publishers”“Co.”或“Inc.”。例如，

香港商务［而非“香港商务出版社”］

邹文，孟永明，熊聪. (2010). *人类的记忆*. 北京：人民教育.［无须写“人民教育出版社”］

20. 学术会议

对于学术会议，应列出会议年、月，会议名称、地点。例如，

秦欣儿. (2009，3 月). *幼童情绪发展*. 中国发展心理学年会论文，四川成都.

Cheng, J. (2010, September). *Children's social intelligence development measurement.* Paper presented at the American Development Psychology Association Annual conference, San Diego, CA.

21. 学位论文

在博士、硕士论文中，若大学校名已包括城市或州（省）名，则无须再列出城市或州（省）名称。例如，

李文. (2009). *遗传与语言学习*(未发表的博士论文). 北京师范大学.

Lin, J. (2010). *Social and intellectual development of children with learning disabilities: Impact of early intervention* (Unpublished doctoral dissertation). University of San Diego, California.

22. 《国际学位论文文摘》（DAI）

若摘要刊登于《国际学位论文文摘》（*Dissertation Abstract International*, DAI），应列明卷数及页码；对可于国际大学缩微品公司（University Microfilms International, UMI）获得的论文，则应在括号内注明UMI编号。UMI现为ProQuest（商业运作）旗下的一个资料存取公司。例如，

Chang, W. (2009). Leadership style and employees' morale in international companies in china. *Dissertation Abstracts International*, *51*(10), 439A. (UMI No. 1234567)

Li, H. (2010). Chinese adolescent development (Doctoral dissertation, Shanghai Cultural University). *Dissertation Abstracts International*, *64*, *1203*. ［由大学获得整篇论文，其摘要刊于DAI］

23. 字体、大小写及标点

期刊名称、卷数、书籍名称用斜体，书籍的附加资料，如版次、报告编号、期数等放于书籍名称后的括号内，这部分资料不必斜体。

每条参考文献的不同部分均以“.”做完结。期刊名称及卷数后用逗号。

英文文章或书籍标题，第一个词首字母大写，其余除专有名词外，全用小写。冒号后副标题的第一个词首字母亦用大写。英文期刊名称除不重要部分（“a”“the”“for”等）外，每一个词的首字母均大写，期刊名称首字母（就算是“The”等）亦用大写。

参考文献所用的符号中都没有中文的句号、书名号；期刊文章也没有“年”“卷”“期”“页”的字样。

例如，

江永忠. (2011). *老年心理学*(3版). 广州：广东人民.

Wen, Z. X. (Ed.). (2009). *Children social development: Cross-cultural comparison.* San Diego, CA: Best Press.

Bigler, M., Neimeyer, G. J., & Brown, E. (2001). The divided self revisited: Effects of self-concept clarity and self-concept differentiation on psychological adjustment. *Journal of Social and Clinical Psychology*, *20*, 396 - 414.

24. 外文资料

在英文期刊中引用中文文献，以中文列出文献资料，再在括号内提供英文译文。例如，

> 毋嫘，莫雷. (2011). 归类优势与基本水平效应的再探讨. *心理学报*, *43*, 143－151. [Wu, L., & Mo, L. (2011). Re-examining the classifying advantage and basic level effect. *Acta Psychologica Sinica*, *43*, 143－151.] doi: 10. 3724/SP. J. 1041. 2011. 00143

25. 参考文献内的次序

参考文献内的次序应注意以下几点：

- 在参考文献名单中，英文作者按姓名字母排序，如"Chen"先于"Cheng"。所有作者相同时，则以年份排序，如"Chen, H. S. (2008)"先于"Chen, H. S. (2009)"。
- 首名作者姓名相同时则以次名作者姓名排序，依此类推。例如，"Chen, H. S., & Han, G. L. (2009)"先于"Chen, H. S., & He, G. J. (2008)"。
- 首名作者相同时，单独作者的文章先于多名作者的文章。例如，"Chen, H. S. (2009)"先于"Chen, H. S., & Black, G. L. (2008)"。
- 作者姓氏相同时，以名字排序。例如，"Chen, B. L., & Han, H. S. (2009)"先于"Chen, H. S., & Dang, G. L. (2008)"。
- 同一作者，付印中（in press）文献列最后。例如，"余能慧. (2010)"先于"余能慧. (付印中)"。同一作者，若有数篇文献处于付印中（in press），则以"付印中－a（in press-a）""付印中－b（in press-b）"等依文题排序。
- 两篇或多篇文献作者及出版年份完全相同，依文题字母（不计"a""the"）次序，在年份后加"a""b"等区分，如"（2010a）""（2010b）"。若这些文献是相关的部分（如 Part I、Part II），则依文献的原有次序。在参考文献中，先列"柯乔钧. (2010a)"再列"柯乔钧. (2010b)"。在正文中引用时可用"(柯乔钧，2010a)""(柯乔钧，2010b)"或"(柯乔钧，2010a，2010b)"。

26. 元分析报告的内容

对于元分析的报告，《出版手册》建议，如果该元分析所基于的研究甚少（如 50

篇或以下），则每篇均应列在参考文献内，在作者名字前加星号注明。多于该数目，则应该将元分析所引用的文献，列表放在网上供查阅。故在某篇元分析文章的参考文献内，可能有60篇文献，其中40篇有星号。例如，

* Chen, L. S. (2010).

27. 在“参考文献”内所用的英文简写

在“参考文献”内所用的英文简写（见APA，2009，p. 180）见表16.1。

表16.1 *在“参考文献”内所用的英文简写*

缩写	原文（英）	原文（中）
ed.	Edition	版
Rev. ed.	revised edition	修订版
2nd ed.	second edition	第2版
Ed. (Eds.)	Editor (Editors)	编者
p. (pp.)	page (pages)	页
Vol.	Volume (as in Vol. 4)	卷（如“第4卷”）
vols.	volumes (as in 4 vols.)	卷（如“共4卷”）
No.	Number	第（编号）

28. 要分清外国人的姓和名

各国家或民族在姓名书写习惯上有很大的差异，在阅读参考文献时，应留意。有些国家或民族是姓前名后（中国汉族、日本、朝鲜、越南和匈牙利等），有的是名前姓后（美国、英国、加拿大、德国、法国、俄罗斯、捷克、丹麦、芬兰、意大利、挪威、波兰、瑞典、荷兰、葡萄牙、西班牙、埃及、巴西、泰国等）（例子及指南取自中国心理学会编，2016；陈浩元主编，1998；并依APA习惯做了修订）。

我们需小心区分姓氏，并依APA等格式，做出引述，下面是一些例子（取自中国心理学会编，2016）。

英、美、加拿大人，如J. C. Smith中Smith为姓氏，E. C. Bate-Smith中Bate-Smith为姓氏，F. W. Day, Jr. (Junior)中Day为姓氏，A. B. Toll III中Toll为姓氏。

法国人姓前的冠词(le, la, les)或前置词（de, du, de la, des），应保留放在姓前。如Jules le Goff应写为le Goff, J.，Guy de Maupassant应写为de Maupassant, G. 。

德国人和荷兰人姓前的词头、词组或缩写词，也应写在姓前。如Paul von Hindenburg应写为von Hindenburg, P.，Hans zur Horst-Meyer应写为zur Horst-Meyer, H. 。

同理，葡萄牙人和巴西人姓前的词头do, da, dos, das，亦应写在姓前，如Silvio do

Amaral 应写为 do Amaral, S. 。

西班牙人名常包括其父母姓，书写时父姓在母姓之前，如 Casimir Gomez Ortega 应写为 Gomez-Ortega, C.，Juan Perez y Fernandez 应写为 Perez y Fernandez, J.，Gonzalo Ley h（higo，"其子"之意）应写为 Ley, G. h. 。

第六节　引用网上文件资料的格式

1. 参考文献中的网络资源

如果是期刊上网，文章信息与纸质印刷版的相同，引用方法同印刷版期刊。

如果单是电子化期刊，无相应的纸质印刷版，只有网上资料，或一般网页信息，引用时就要给出网址等。

尽量列出最直接取得资料的网址，而非主页位置。不应提供一些只是暂时性的网址（如经常性地替换内容的网上论坛）。

《出版手册》第 6 版（2009）已不再要求作者注明在网络系统获取资料（如 URL）的具体日期，这与旧版中建议作者标明获取资料日期略有不同。但如果该网址上的资料会不断更新（如某国家年生产总值），那么我们仍需提供获取资料的日期。另外，网址结尾不加点号，以免误会点号为网址的一部分。例如，

闫文. (2009). 反叛的形成. *青少年学报*, *19*, 263 - 273. 取自 http://www.abc.def.org/gfij/klmn.html［网上期刊文章］

段木清. (n.d.). *青少年对毒品的态度*. 福建福州：青少年成长中心. 于 2009 年 12 月 8 日取自 http://www.abc.def.org.cn/ghij/klmn.html［n.d. = 日期不详］

Huang, C. (2009, April). *Children's psychological adaptation after Sichuan earthquake: Opening address to conference on Trauma Psychology*. San Francisco, CA. Retrieved from http://www.springfieldyouth.org/documents/conference/open.html

2. 统一资源定位符（URL）

随着更多高质量的资料及文件在网上出现，我们必须提供一套可靠的索引方法。此外我们亦可能更多引用一些非书刊性的数据库、影音档案（链接网址），甚至由出版社在期刊出版前已预先放在网上的预览版本等。

《出版手册》建议我们除提供一般书刊所要求的资料（如文题、作者姓名等）外，

亦尽量附上其统一资源定位符（URL，uniform resource location，俗称网址）。

典型的 URL 如下：

http://journal. psych. ac. cn/xuebao/volume20/issue3/articlefilename1 . pdf

[协议（protocol）+主机名（hostname）+连接该档案的路径（path）+档案名(filename)]

协议：传输协议，最常用的为 http 协议（http://）。

主机名：存放资料服务器的域名主机名或 IP 地址（如 journal.psych.ac.cn）。

路径：用“/”分隔的字符串，以展示路径。

3. 数字对象标识符系统（DOI）

因为档案在网络上可能会被移动及删除，所以一些出版社改以数字对象标识符(DOI, digital object identifier）系统去处理。这是一个各大出版社共同制定，用以永久储存电子档案标识的系统。在某文章出版前，出版社已申请并赋予该文章一个统一的编码（DOI），通过这个编码，读者无须知道这篇文章具体及实体上的位置，就可以自动连接至该文章，并可依据其权限阅读全文、摘要或购买全文。对一些有 DOI 及网址的书籍，无须提供出版地及出版者，更无须列出 URL。

DOI 编码由两部分组成：前缀（prefix）及后缀（subfix），以“/”分隔。前缀及后缀的字符长度没有限制。前缀是某指定机构的专用号码，4 个或以上数字；后缀是由出版社安排的编码。

在理论上，该编码的容量并无限制。其前缀码都以“10.”开始，在文章中首页(如左上角期刊名称下)，以 doi: 10. ×××××/××××××× 方式标示。例如，

Steinberg, L., & Monahan, K. C. (2011). Premature dissemination of advice undermines our credibility as scientists: Reply to Brown (2011) and to Collins, Martino, and Elliott (2011). *Developmental Psychology, 47*, 582-584. doi: 10. 1037/a0022562

课后练习及解析

练习 1

以下引用中哪些正确，哪些不正确？

(i) 目前研究普遍表明两者存在相互促进作用（如，Ng & Freeman，2012；贝朗尼，2009）……

（ii）Rubin 和 Kef（1999）指出文化差异是影响学童情感反应的主要因素。Rubin 与 Kef 同时认为学童并不理解自己的情感反应。

（iii）主动争取的员工会获得更高的评价（Laursen, Erdkey, &Dego, 2006）。然而过分主动的员工比一般员工评价更低（Laursen et al., 2006）……

（iv）研究一般采用情绪划分法（如，A. J. Asher, 1965）。但是，S. R. Asher（2011）指出以往的研究者相对忽视了儿童的主观维度。

（v）Backlet 等（1996, pp. 78－80）发现，同伴支持与消去孤独感的相关最高，其后为父母支持及长辈支持（White，2004 译本）。

解析

（i）不正确。无须翻译外国人的姓氏。（见：第二节　3. 外国人的姓名无须翻译为中文）

（ii）正确。在同一段再次引用某文献时无须重复年份。（见：第四节　15. 同一段内无须重复年份）

（iii）正确。引用 3 ~ 5 名作者的文献时，第一次列出所有作者，其后用“等”或“et al.”取代第一作者后的作者。（见：第四节　5. 文献作者有 3 ~ 5 人）

（iv）正确。由例子可见，1965 年的 Asher 与 2011 年的 Asher 是两名不同作者，应列出名字缩写以便区分。（见：第四节　7. 首作者姓氏相同）

（v）不正确。除非引用文献中的指定部分（方程、图表等）或直接引用原文（quote），否则无须列出页数。（见：第四节　18. 指定部分）

练习 2

针对沉思反应量表的落差，姚凯伟（2012）认为：

尽管沉思、冥思和反思均与抑郁水平呈正相关，但随着应激水平的曾［sic］加，沉思组别抑郁水平只是轻微升高。…… Slitsh 和 Argo（2005）认为……［沉思］水平不会改变应激性事件对抑郁水平的影响。（p. 90）

针对上述材料，以下哪些说法正确，哪些不正确？

（i）引用的原文不完整。

（ii）擅自加插词语。

（iii）没有改正原文字误。

（iv）引文段没有缩格。

解析

（i）不正确。原文可删去部分句子，使引用更清楚。（见：第四节　20. 直接引用须加引号）

（ii）不正确。可加插词语于方括号中，令句子更清楚。（见：第四节　20. 直接引

用须加引号）

（iii）不正确。原文错误只需标明而非自行修改。（见：第四节　20. 直接引用须加引号）

（iv）正确。多于40字的引文应左边缩格另起一段。（见：第四节　20. 直接引用须加引号）

练习3

Helner, R. T. (2004). A study of self-meditation effects. In M. Parker(Ed.), Concepts of Psychological Development (p. 136 – 144). Melbourne: Kimberley Publishing.

针对上述这条文末“参考文献”，以下说法哪些正确，哪些不正确？

（i）美国以外的城市须标明国家及州/省名称。

（ii）页数英文缩写错误。

（iii）书籍名称中所有词语的首字母均为大写，恰当。

（iv）出版者名称中需删去“Publishing”一词。

（v）编者写法（M. Paker）没有依据“先姓后名”规则。

解析

（i）正确。除了对美国以外国家要求列出国家名称外，APA最新的要求为对知名城市亦应列出州/省名称。（见：第五节　18. 出版地）

（ii）正确。应使用“pp.”作为“pages”的缩写。（见：第五节　27. 在“参考文献" 内所用的英文简写）

（iii）不正确。书籍名称除了第一个词语的首字母外，其他的应用小写。（见：第五节　23. 字体、大小写及标点）

（iv）正确。应省去“Publishing”。（见：第五节　19. 出版者）

（v）不正确。编者写法（M. Paker）为“先名后姓”，与作者写法“先姓后名”相反。这里是恰当的。（见：第五节　5. 先姓后名）

练习4

Rindin, G., & Cawan, T. (2012). Parental relationship and emotional development: pilot study of Campo’s model. *Child Development*, LXXXIII, pp. 611 – 623.

［注：*Child Development* 期刊同一卷的各期页码为连续编排。］

针对上述这条文末“参考文献”，以下说法哪些正确，哪些不正确？

（i）论文副标题（冒号后）第一个词的首字母应用大写。

（ii）期刊卷数（volume number）应用斜体。

（iii）没有标明期号（issue number）。

（iv）期刊页数不用“pp.”缩写。

（v）卷数不恰当地使用了罗马数字。

解析

（i）正确。冒号后副标题第一个词的首字母应用大写。（见：第五节　23. 字体、大小写及标点）

（ii）正确。期刊卷数（volume number）须用斜体。（见：第五节　23. 字体、大小写及标点）

（iii）不正确。本例中期刊的页码为连续编排，因此无须列出期号。（见：第五节　15. 非连续编排的期刊，一定要写期号）

（iv）正确。引用书籍时才须加上“pp.”缩写。（见：第五节　6. 期刊中的文献）

（v）正确。应改用阿拉伯数字。（见：第五节　16. 阿拉伯数字）

练习 5

以下文末“参考文献”中哪些引用恰当，哪些不恰当？

（i）Burwell, A., Hankin, T., Miran, S., Huo, E., Ng, M. K., Cheung, S. C., Ngan, T. H., & Teyor, R.(2000). Associations between personalities and depression symptoms. *Journal of Psychological Science*, *48*, 39 – 72.

（ii）佚名. (2008). 教育信息化工作简报 2012 第 1 期. 北京：中华人民共和国教育部.

（iii）Izard, T. (2009). Generalizability of self-concept theories. Paper presented at the American Educational Research Association Annual Meeting, San Diego, CA.

（iv）Russell, H. (1999). Survival capability across generations. (Doctoral dissertation). The Chinese University of Hong Kong, Hong Kong, China.

（v）王华明. (2009). 网络生态对青少年心理发展的影响. 文明杂志，286，98 – 102.

（vi）Office of Student Affairs (OSA), the Chinese University of Hong Kong (CUHK). (2010). First-year entrance survey report 2010. Retrieved from CUHK OSA website: http://www.cuhk.edu.hk/osa/saa/fyes/2010.pdf

（vii）Tumer, V. M. (2000). Tips on enhancing research credibility. Retrieved from http://www.homepage.net.

解析

（i）不恰当。多于 7 名作者时，只需列出前 6 名及最后 1 名，中间以“…”代替其他作者。（见：第五节　8. 多于 7 名作者）

（ii）不恰当。对于没有作者名称的官方出版物，应以机构的名称代替作者名称。（见：第五节 11. 官方文件）

（iii）不恰当。提交给学术会议的论文应列出月份。（见：第五节　20. 学术会议）

（iv）不恰当。对于博士/硕士论文，若院校名称能指出其地点，则无须再做重复。（见：第五节　21. 学位论文）

（v）不恰当。对于杂志（magazine）、报纸等出版物，一般需列出完整日期才能索引文献。（见：第五节　14. 何时须加月、日信息）

（vi）不恰当。参考文献中的出版者名称应用官方全名。（见：第五节　11. 官方文件）

（vii）不恰当。引用网上资源时，应列出最直接的网址，而不是主页位置。此外，结尾亦不应加点号。（见：第六节　1. 参考文献中的网络资源）

第四部分

投稿及学术会议报告

第十七章

排　　版

关键问题

如何正确使用各种标点符号？

何时应该用阿拉伯数字？

何时要用汉字或英文字（而非阿拉伯数字）去表达数据？

英文字在什么情况下应该用大写？

何时要用文字及全名，何时应该用统计符号？

如何在投稿中将各项内容及图表正确排版？

各层标题应该用什么字体格式？

排版时如何处理方程和公式？

如何处理横向内容太多而过宽的表格？

排版时如何处理彩色图表？

第一节　排版的目的

不同出版社的排版规则及习惯不一定相同，我们除了要依照出版社的指引外，也必须全文一致。

排版是否一致及整洁清爽，反映了一个人做事是否有条理、是否认真撰写稿件。版面虽然不会决定论文的录用与否，但会影响编辑和审稿人对论文质量的印象。

第二节　标点符号排版

1. 空格

《出版手册》与其他英文写作守则大致相同。根据这些守则，在英文稿件中，在下述标点后，留一个空格：

, ; :

在投稿阶段，为方便阅读，句末“.”后可留一或两个空格。

在参考文献内，“.”后留一个空格，英文名字缩写字母间留一个空格，如“Zhang, J. G.”。但一般名词缩写在“.”前后不留空格，例如，

p.m.　　i.e.

2. 括号

对于括号，若完整句子在括号内，则句末的句号也放于括号内，否则标点符号可放在括号外。例如，

青少年对网上交友（如网友站）一般持正面态度。

每人进行3小时训练。(所有参与者均获20元报酬。)

由图3可见，速度随年龄增长而加快（第3组除外）。

3. 引号

尤其是在英文写作中，当我们需要直接引用时，若引号末需要逗号或句号，应该将逗号或句号放在引号内。引号末若需要用其他标点符号（如“:”“;”“?”），除非是引述原文的标点符号，否则放在引号外。例如，

In our interviews, students often said, “I don’t care,” “I don’t have time.” Do they really know the consequences of “I don’t have time”?

4. 省略号

在用省略号（英文用“...”，中文用“……”）时，除必须指出引述内容在句子中间开始或结束，否则无须在引述句前及后加省略号。若省略的部分横跨句号（即省略部分多于一个句子），英文稿件应用“.... ”（4 点），中文则用“……”（6 点）。

对其他一般性标点符号在中文及英文稿件中的应用，可参考相关的工具书籍或《出版手册》。

5. 要区别使用中英文标点符号

中文表达时用中文的标点符号，英文表达时用英文的标点符号。两个文种的标点符号是不一样的。除破折号、省略号外，中文的标点符号一般占半个字符，英文的标点符号占 1/4 个字符。由于软件本身的问题，当输入中文时，有时标点符号会变为英文的标点符号。如果输入者对这种变化不敏感，就会犯这样的错误。

英文的标点符号后面要留一个空格。如果不留空格，标点符号前后两个单词连在一起，软件就认为这是一个词，就把它认为是错词了。此外连成一个“长词”后，当这一行排不下时，就会一起转入下一行，造成单词之间的间距第 1 行比第 2 行要大得多。转行时，软件可能只识别中文的标点符号，但不识别英文的标点符号。

有的作者不知道如何输入个别中文标点符号。如中文稿件省略号是“……”，在微软拼音输入法等绝大部分简体中文输入法中，其键盘操作是 Shift 键 + 数字键 6。要留意中英文省略号的区分。

破折号是“——”（键盘上是 Shift 键 + 减号键），不是“—”。当不知道怎么办时，应请熟悉电脑文书处理的人协助。

第三节　数字排版

1. 正确使用阿拉伯数字

在中文稿件中，我们何时需用阿拉伯数字（1、2、3 等），何时需用汉字（一、二、三等）？在英文稿件中，我们何时需用阿拉伯数字，何时需用英文单词（one、two、three 等）？

在这里我们简单介绍中国心理学会《心理学论文写作规范》（2016）及美国心理

学会《出版手册》（2009）的建议。本书在不严重违反这些规范的情况下，仍参考及依循一些日常语言及出版习惯，如，用“两本书”而非“2本书”。

2. 中文稿件：应该用阿拉伯数字

（1）公元世纪、年代、年、月、日、时刻。例如，

二十世纪　　应改为　　20世纪
二十一世纪　　应改为　　21世纪
九十年代　　应改为　　90年代

年份不能简化或缩写。例如，

1988年　　不能写成　　88年
1995—1999年　　不能写成　　1995—99年

有关时间的正确表达包括：

15时3分10秒　或　15:03:10
实验共进行了10时6分　可写成　10 hr 6 min　不可写成　10:06
参与研究者于15时3分到达　可写成　15:03　不可写成　15 hr 3 min
2010年1月20日　可写成　2010-01-20

（2）物理量值、量词前数值、计数的数字。例如，

8 kg
40摄氏度
10~20千克
8名实验参与者
3本书
40.7
1/3
4:9
实验共使用33种植物及1种动物的图片

但下文中的数字应写为：

这是一种风格习惯［不用阿拉伯数字］

（3）型号、代码、序号。例如，

第3届选举会
实验中第5天

（4）参考文献（古籍除外）中的卷数及页码等。

3. 中文稿件：应该用汉字

（1）定型词、成语、习惯语、缩略词、修辞用语。例如，

二次方程
四氯化碳
星期一
“八五”计划
行遍万里
举一反三

（2）相邻表示概数的数字、含有“几”的数字。例如，

八九成机会
六七十元
只有千分之几的机会
三百八十几人参与

但对确定数字，则加顿号。例如，

一、二等舱的乘客免费
不过7、8月参观科学馆人数最多［月份应用阿拉伯数字］

（3）非公历纪年、特定意义及惯常词语中的数字。例如，

甲子年六月
民国十五年（1926年）［对于中国干支纪年及农历，尽量在括号内提供公历］
七七卢沟桥事变

涉及1月、11月、12月，中间用“·”号间隔，外加引号，知名度高的可不加引号，例如，

十一国庆［可不加引号］
“一·二八”事变

（4）古籍在参考文献名单中，沿用汉字。

4. 英文稿件：应用阿拉伯数字

（1）10及以上数字、摘要内数字、量词前数字、运算数字、分数、小数、百分

率、时间、日子、年龄、得分。例如，

6 m
152 participants
the 10th grader
divided by 3
5 times as many
3% of the participants
3∶2 (in ratios)
at 8∶20 p.m.
take 2 hr 40 min to complete
5-year-old
4 years old
5-point scale
average score was 4
followed for 3 years

但概数用英文单词表示。例如，

followed for about four years

（2）用于10或以上其他数描述某一对象。例如，

3 of the 10 athletes［但 two of the three students 中的数字则不同，因为两个数字都小于10。］
the 3rd among 40 students

（3）用于表达数学或统计句子内的一部分，包括比例、百分率等。例如，

4 times of
student to teacher ratio 20∶1

5. 英文稿件：应用英文字

（1）文章标题、句子开端、常用分数、惯用词。例如，

Fifty children participated［句子不能以阿拉伯数字开始］
two-fifths of the participants
the Ten Commandments

（2）对两个相连的数字，一个用英文单词，一个用阿拉伯数字；若可能引起误解，可全用英文单词。例如，

4 two-way ANOVA

three 3-year-old

6. 数字书写格式

（1）《出版手册》规定，若某小数的数值不可能大于 1（如相关系数、显著性水平），则删去小数点前面的零。例如，

相关为 .34，$p<.032$ [注：中国心理学会不用这一规定，应留意每一期刊的要求]

一般展示 2～3 个小数位已足够。

（2）传统上用 $p<.05$、$p<.01$ 等的做法，在图表的注解中，可简化内容，仍可沿用。但在其他正文等适合的情况，应列出 2～3 个小数位。例如，

$p=.023$

（3）《出版手册》规定，1 000 或以上的数目，可 3 位数字为一组，加逗号，例如，

3,900,845

中国心理学会规定不用逗号，只在两组数字间留四分之一空格。

上述两种稿件在表示页码、两组数字、编号、温度、频率、自由度时，不留空也不加逗号。

（4）一个多位的数字，不能转行间断（横跨两行）。

（5）用中文表达数字，如数字甚大，可以用亿及万做单位。例如，

835 万

42.3 亿 [但 4 亿 3 千 6 百万应写为 4.36 亿或 43 600 万]

除非“千”作为法定单位名称（如千克），否则不应以千做单位。故可用“6 千克”，但不可用“4 千天”。

（6）在涉及范围的表达时，若数字与其标准差的单位相同，单位可以只写 1 次。例如，

20.2 m ±0.5 m [可以写为（20.2 ±0.5）m，但不得写作 20.2 ±0.2 m]

对于百分数范围，要重复写出 %。例如，

15%～30%

在表示标准差时，应当用圆括号。例如，

(60 ±5)% [而不是 60 ±5% 或 60% ±5%]

同理，应这样表示：

20%～30%［而非20～30%］

2 cm～2.5 cm［而非2.0～2.5 cm］

4.2 cm ±0.2 cm［或（4.2 ±0.2）cm，而非4.2 ±0.2 cm］

40 cm × 50 cm × 60 cm［不能写成40 × 50 × 60 cm，也不应写成40 × 50 × 60 cm^3；必须列出每个数字的单位］

报告置信区间，无须重复单位。例如，

均值 = 18.0 m，95%置信区间是［15.4, 21.5］（不写［15.4 m, 21.5 m］）

（7）尽量用国际单位（SI单位）。例如，

3 m、4 cm、3.1 kg［而非寸、inch、pound］

不应该用市制、英制单位（如斤、尺、亩、里、英尺、英寸、英里）。除公斤、公里、公顷以外，不应该再用公尺（米）、公分（厘米）、公亩（百平方米）、公升（升）、公方（立方米）等。

写出全称时用小写，如以米（meter）为测量单位。缩写的不用加 s 表示复数。例如，

4 mins［错误范例］

也不加句号在缩写上。例如，

4 m.［错误范例］

在数字与单位名称间留一空格；若需要合并单位时，中间用点号（在单位中间，并非句号）。例如，

45 kg · m

7. 统计

（1）在正文句子中，尽量用文字及全名，不用统计符号，例如，

男女生均值为14.23［而非男女生 *M* 为14.23］

同理，应写：

男生占更大的百分率［而非男生占更大的%］

（2）应区分总体参数与估计值，前者一般用希腊字母，如总体相关以 ρ 表示，而估计值用 *r*［亦可用 Est（ρ）］表示。

（3）区分统计符号的大小写，不同的大小写可能有不同的含义（如 N 和 n、F 和 f）。用 N 表示总样本容量，n 去描述各分类下的样本容量。

（4）符号前或后加空格，如 $X + Y = Z$，而非 X+Y=Z。

（5）希腊字母、上下标及缩写，除了用作变量名称外，应用标准字体，向量及矩阵用粗体，其他统计符号（如 M、N、df）用斜体。

第四节 稿件各部分排版

1. 各部分排序

稿件各部分一般依下述方法排序。

（1）文题封面（第 1 页）。

首先是短标题（running head），放在页面右上角以标示文章内容，一般取文题内几个字或词，例如，

儿童语言发展

青少年自杀

children's self-concept

其次是文题、作者姓名、所属机构。文题放在上半页，置中，英文主要字（a、the、in 除外）首字母大写，其他小写。是否提供作者姓名等，请依期刊指示。

再次是投稿日期。

最后是作者注及联络方法，请依期刊要求附上或另纸书写。

（2）摘要（第 2 页）。

摘要一般单独放于第 2 页，将“摘要”（或“Abstract”）标题置中，放在上半页上。摘要依《出版手册》格式时，只有一段，段首不缩进（indent），向左靠齐。一般有字数限制，请依投寄期刊要求。部分期刊亦要求几个关键词。

（3）文题及正文（从第 3 页开始）。

文题居中，下接正文，全文双倍行距（double-space），分标题无须另起一页。

（4）参考文献（由新一页开始）。

（5）附录（由新一页开始，若有多个附录，每一附录由新一页开始）；若只有一个附录，无须再用英文字母区分。多个附录则用附录 A、附录 B 等编号。

（6）注释（由新一页开始）。

（7）表格（每一表格由新一页开始）。

（8）图题（由新一页开始，列出各图的图题）。

（9）插图（将每一个插图独立放在新一页）。

2. 各层标题字体格式

美国心理学会建议除了将“文献综述、研究方法、结果、讨论、结论”作为第1层的标题外，使用第2层及第3层小标题，令内容更清晰以方便阅读。每层应有多于1个的小标题，如若第3层只有1个小标题，则不能成为1层。每层标题的字体及位置可参考目标期刊近期文章的安排。

若期刊无具体要求，可参考《出版手册》的下述建议。

- 第1层置中，英文每词（冠词、介词等除外）首字母大写，作为文章主要部分（文献综述、研究方法、结果、讨论、结论）的标题。
- 第2层靠左，左对齐，英文单词首字母大写；内容在下一行开始，缩进5格（英文单词）。
- 第3层缩进5格（英文单词），除首词的第1个字母外，所有词粗体小写，标题尾用句号。内容在同一行，紧靠标题后开始。
- 第4层与第3层相同，但正体字改为斜体（即缩格，首字母除外小写，标题尾用句号，粗斜体）。内容在同一行，紧靠标题后开始。
- 第5层与第4层相同，但黑体字改为正常字体（即缩格，首字母除外小写，标题尾用句号，斜体）。内容在同一行，紧靠标题后开始。

3层的例子：

Centerized Level One Heading

Text starts on a new line and indents 5 spaces....

Level Two Flushed Left

Text also starts on a new line and indents 5 spaces....

Level three indented five spaces and ended with a period. Main text follows the title on the same line....

3. 标题要顶格或居中

不同期刊要求不同。若标题需要顶格（左对齐），标题前面就不要留空格。居中的标题要真正居中，即两边要对称。

除了第3、第4、第5层的首段外，正文中的段落开头要留两个字的空格。

4. 标题不要在页面的最后一行

有时标题刚好出现在页面的最后一行，这时要在标题前多加一至两行，使标题转到下一页的开头，也就是通常所说的不要“背题”。

5. 不要使用自动编号

自动编号是我们用的办公软件提供的一个功能，它确实可以给我们带来很多方便，但同时也会带来麻烦。

标题等级或文献序号尽量不要自动编号，因为期刊排版一般都用专业的排版软件。文件在不同的软件之间转换时，自动编号以及一些特殊字符很容易会丢失，最终导致编号的混乱。

再者，有些作者可能不知道自动编号是怎么回事。软件自动出现编号，如果是对的，就使用；如果不对，就删除后手工加上编号。这样导致一篇文章中有的是自动编号，有的是手工编号，容易出错。

6. 大小写

对英文稿件，除依据一般语文习惯外，美国心理学会要求在下述情况下用大写。

（1）后接数字或字母的名词。例如，

Test 4

Figure 3

Section A

Factor 2

Condition C

但书或表中的各部分仍用小写。例如，

column 4

row 2

pages 4-11

（2）测验或工具名称。例如，

California Multiple Intelligence Inventory

Stroop Color Test

7. 不同部分的字体

在印刷出版后，不同部分（标题、正文）的字体当然有所不同。但在投稿时，对英文稿件，美国心理学会要求部分标题用黑体，其他正文一般用 Times New Roman (font size 12)。

对中文稿件，各期刊要求不同，一些期刊要求文章的标题、一级标题、二级标题以及正文要用不同的字体字号，以使文章在视觉上层次分明。标题一般用黑体，不是宋体加粗。正文用宋体。插图的文字一般要求 6 号或 8 磅，根据重要性的不同，字体字号之间可以有分别。表格的字号要比正文小。

8. 斜体

美国心理学会要求下述情况用斜体（italics）。

（1）书刊、电影等名称。例如，

Psychological Bulletin

（2）用作统计符号或代数变量的字母。例如，

Cohen's $d = 0.2$

$X = Y + 2$

Z score

但有些下标非统计符号，不能用斜体。例如，

M_{Female}

希腊字母不用斜体。例如，

α γ

（3）量表的刻度描述。例如，

Students had to respond in a scale from 1 (*strongly disagree*) to 5 (*strongly agree*).

9. 要注意区分容易混淆的字母和符号

经常容易混淆的有数字 1 和字母 l，数字 0 和字母 o，乘号 × 和字母 X，英文字母 a 和希腊字母 α，希腊字母 B（β 的大写）和英文字母 B，英文字母 X 和希腊字母 χ，比例号“:”和冒号“:”等。

10. 处理句首

在英文文稿中，句首不用：

- 阿拉伯数字（如 114）。
- 首字母本应为小写的缩写词（如 m = meter、ms = millisecond）
- 独立符号（如 α、β）。例如，句首“α was .87”可改为“Internal consistency α was .87”。

11. 方程和公式

短的方程和公式可夹在正文句子中，但这类式子只可含上下标，不得高于 1 行。较长或高于 1 行的方程或公式应另起新行。

若需要在文中引用，应为方程编码，在方程的最右方，由“方程 1”开始顺序编码，只需对将会被引用的方程编码，将序号放在括号内。在文内用“方程 3”（Equation 3，而非 Eq. 3）等去引述某一方程。

12. 行距、页边距、图表和正文的距离要适当

多数期刊要求行距为两行。页边距按照默认的就可以，上下左右均为 2.54 厘米。与美国心理学会习惯不同，一些期刊要求投稿时，图表放在正文中，那么图表与正文之间要留有空行，通常为一行或半行。

13. 新术语应提供原文

对一些未有合适中文术语的新名词，可用原文或者先翻译，再在括号内注明原文。

14. 第一次缩写，应提供全称

除了一些极普遍甚至一般字典都收录（如 IQ）的缩写外，有需要用缩写时，应在该缩写首次出现时，列出全称。例如，

近年情绪智商（emotional quotient, EQ）的研究甚多，EQ 备受重视。

只有在读者颇熟悉该缩写词（如 IQ），或者缩写能大大节省空间及重复词句，且

又不会引起读者混淆时，我们才应该考虑采用缩写。《出版手册》容许一些已被《韦氏词典》（*Merriam-Webster's Collegiate Dictionary*）所收录的缩写（如IQ、REM、ESP、AIDS、HIV），无须列出全称。

15. 括号内的缩写

某些拉丁文词句，在括号内必须用缩写，在括号外则应采用全称（见表17.1）。

表17.1 *用于括号内的拉丁文缩写*

在括号内用缩写	意思（全称）
cf.	比较（compare）
i.e.	即（that is）
e.g.	例如（for example）
viz.	即（namely）
etc.	等（and so forth）
vs.	相比（versus, against）
et al.	等（and other）［可在文章中括号内外使用］

第五节 图表排版

1. 不同性质的线条，其粗细应不一样

一些期刊，可能要求表格的顶线和底线（上下两端的线）比中间的栏目线粗。对于使用《出版手册》规则的期刊，我们只需用一般的横线，无须用粗细不同的线条。

2. 表格尽可能不要出现跨页隔断

表格不要跨页，即使是未出版的初稿，也要注意版面的美观。如果数据过多，大表可以占一页。

为保持表格完整，如果不是确实需要，不应该将一个表格切割成多个表格。依期刊的要求，有些（如《出版手册》）要求图表放于文末，有些要求放于正文。若放于正文，应放在第1次提到它的文字段位置的后面，并予以标示。

3. 如果表格过宽，则采用卧排表的形式

表格内横向内容太多，宽度超过版心，可考虑选用横向（landscape）表横印，或

者将表格切断，上下排成多段，它们之间用双线分开（见表 17.2）。当然我们亦可考虑用插图表示。

若需投寄打印本，卧排表的正确方位是“顶左底右”（即表顶部在左方订装位置）。若是网上投寄电子档案，正文及其他图表选用竖式（纵向打印格式，portrait）排版，卧排表则用卧排打印格式，无须将表格旋转排版。

表 17.2 *香港各地区2010—2013 年严重医疗失误事件频数（宗数）*

中西区	湾仔	东区	南区	油尖旺	九龙城	黄大仙	观塘	葵青
10	15	20	12	30	40	10	6	10
北区	大埔	荃湾	屯门	深水埗	元朗	西贡	沙田	离岛
30	10	15	13	20	30	10	15	8

4. 过长竖表转多栏

当表格竖放过长而横变量不多时，我们可以考虑切成多份，并排成多幅，用双细线分隔（见表 17.3）。

表 17.3 *香港各地区2010—2013 年严重医疗失误受伤及死亡频数（宗数）*

地区	受伤	死亡	地区	受伤	死亡	地区	受伤	死亡
中西区	8	2	黄大仙	8	2	屯门	10	3
湾仔	10	5	观塘	3	3	深水埗	14	6
东区	12	8	葵青	8	2	元朗	20	10
南区	8	4	北区	20	10	西贡	8	2
油尖旺	20	10	大埔	6	4	沙田	12	3
九龙城	20	20	荃湾	10	5	离岛	6	2

5. 表格太大，采用续表

对于一页排不下的表格，我们在合适位置切断，底加细线，在次页再展示表头，并加注“续前表”或“续表”，可省略表序和表题。

6. 尽可能用黑白色，不要用彩色

答辩和做会议报告时用到的幻灯片，为增加视觉效果，当然应尽可能做成彩色。可是，大多数学术期刊都是黑白版，所以插图应尽可能用黑白颜色。如果需要将彩色图变为黑白图，可以用加上标注、不同灰度等变通办法，来使彩色图内容得到正确表达。

需留意的是，近年网上电子版日渐流行，所以简单图表制作为彩色的，也不会增加成本。我们可以参考目标期刊近期的内容，并依据作者投稿须知去准备图表。

7. 插图的细节要清楚、大小要恰当

简单的图要小，复杂的图要大，一切以细节清楚为原则。没有必要把简单的图画得很大。

8. 插图高度和宽度的比例尽可能符合黄金分割原则

在不歪曲插图所表达的内容的情况下，尽可能使高度和宽度的比例接近2∶3。

9. 同一篇文章中的插图性质要一致

如果文章中有多个性质相似的插图，那么插图的风格、大小、线条、字体字号等要一致。

10. 如果用Word制图，最后要把插图的不同部分组合起来

Word制作的插图，各个部分之间是独立的，插图制作完成后，要把不同的部分组合起来，形成一个整体。否则，到了别的电脑或软件上，插图的不同部分有可能发生移位。

课后练习及解析

练习1

本研究邀请两组（i）各20名中学生（ii）对选出的10个图形（iii）进行语义评定（$M=1.42\pm0.03$）(iv)，差异检验表明，$t(18)=0.88$（v），$p=0.06$（vi）。由于第1组与第2组（vii）评定结果无显著差异，最终选定10个图形作为最终实验材料。

针对上述中文稿件中的数字和符号，哪些排版恰当，哪些不恰当？

解析

（i）不恰当。量词前数字应用阿拉伯数字。（见：第三节　2. 中文稿件：应该用阿拉伯数字）

（ii）恰当。量词前数字用了阿拉伯数字。（见：第三节　2. 中文稿件：应该用阿

拉伯数字）

（iii）恰当。量词前数字用了阿拉伯数字，（见：第三节　2. 中文稿件：应该用阿拉伯数字）

（iv）不恰当。*M* 应用斜体，“ = ” 前后应加空格。（见：第三节　7. 统计）

（v）不恰当。*t* 应用斜体，“ = ” 前后应加空格。（见：第三节　7. 统计）

（vi）不恰当。应省去小数点前面的“0”。（见：第三节　6. 数字书写格式）

（vii）恰当。序号用了阿拉伯数字。（见：第三节　2. 中文稿件：应该用阿拉伯数字）

练习 2

To improve statistical power, the age cohorts were categorized into five different age groups consisting of group 1: (i) 25 – 30 years (n =130) (ii), group 2: 35 – 40 years (n =266), group 3: 45 – 50 years (n =392), group 4: 55 – 60 years (n =365), and group 5: 65 – 70 years (n =105).

The analysis showed a significant main effect of age: F (4,1248) =57.63(iii), p <0.001 (iv). Post-hoc Scheffé tests indicated that 3 of the 5 age (v) groups differed significantly. Two (vi) youngest age group (i.e., 25 – 30) (vii) had over 90% stable performances (viii).

针对上述英文稿件中的数字和符号，哪些排版恰当，哪些不恰当？

解析

（i）恰当。“,”“:”后应留空格。（见：第二节　1. 空格）

（ii）不恰当。“ = ” 前后应留空格。（见：第三节　7. 统计）

（iii）不恰当。“,”后应留空格。（见：第二节　1. 空格）

（iv）不恰当。应删去小数点前面的“0”。（见：第三节　6. 数字书写格式）

（v）不恰当。因并非用 10 或以上的数来描述，应用英文字。（见：第三节　4. 英文稿件：应用阿拉伯数字）

（vi）恰当。句子开端用了英文字而非数字。（见：第三节　5. 英文稿件：应用英文字）

（vii）恰当。“i.e.” 中的点号使用正确。（见：第二节　1. 空格）

（viii）恰当。百分率用了阿拉伯数字。（见：第三节　4. 英文稿件：应用阿拉伯数字）

练习 3

以下关于论文稿件排版的说法哪些正确，哪些不正确？

（i）摘要应整段置中，有需要时可分段撰写。

（ii）摘要应独立成页。

（iii）右上角的短标题由期刊编辑提议。

（iv）正文行距并无特别规范。

（v）参考文献应紧接正文，不另起新页。

（vi）附录必须由新页开始。

（vii）附录序号可使用阿拉伯数字（如1、2、3）、罗马数字（如I、II、III）、英文字（如A、B、C）或中文字（如一、二、三）。

（viii）所附的每一个图表应由新页开始。

解析

（i）不正确。摘要只有标题应置中，同时不应分多段撰写。（见：第四节　1. 各部分排序）

（ii）正确。摘要一般单独放于稿件第2页。（见：第四节　1. 各部分排序）

（iii）不正确。作者应自行选取关键词作为短标题。（见：第四节　1. 各部分排序）

（iv）不正确。正文应采用双倍行距。（见：第四节　1. 各部分排序）

（v）不正确。参考文献应由新页开始。（见：第四节　1. 各部分排序）

（vi）正确。附录应由新页开始。（见：第四节　1. 各部分排序）

（vii）不正确。附录应用英文字编排序号。（见：第四节　1. 各部分排序）

（viii）正确。每一个图表应由新页开始。（见：第四节　1. 各部分排序）

练习4

LEVEL ONE（HEADING）

Title of Level Two

Content of level two starting here....

Title of level three.

Content of level three starting here....

Title of level four. Content of level four starting here....

Title of level five. Content of level five starting here....

....

....

....

针对上述论文稿件标题的分层，以下哪些说法正确，哪些不正确？

（i）第1层标题不应所有英文字均大写。

（ii）第2层标题不应缩格。

（iii）第3层内容不应另开新行。

（iv）第 4 层标题不应用粗体。

（v）第 5 层标题不应缩格。

解析

（i）正确。第 1 层只有首字母大写。（见：第四节　2. 各层标题字体格式）

（ii）正确。第 2 层应靠左对齐。（见：第四节　2. 各层标题字体格式）

（iii）正确。第 3 层内应紧接标题开始。（见：第四节　2. 各层标题字体格式）

（iv）不正确。第 4 层标题为粗斜体。（见：第四节　2. 各层标题字体格式）

（v）不正确。第 5 层应与第 3、4 层相同，须缩格。（见：第四节　2. 各层标题字体格式）

第十八章

投　稿

关键问题

投稿需考虑哪些道德规范？

师生合作，如何决定第一作者？

如何处理利益冲突等道德问题？

一手研究可否重复及拆分发表？

投稿前应做何准备及检查？

如何增大稿件被录用机会？

是否应该引用审稿人的文章？

如何处理退稿及修改？

如何回应审稿人的要求？

第一节　道德、版权

1. 研究及出版的道德规范

美国心理学会（2002）制定了一套心理学的道德规范（包括 2010 年、2016 年修订，见 www.apa.org/ethics/code），对于研究报告及出版方面，相关条目主要是为了准确记录学术知识及保障知识产权（APA，2001）。例如，研究者不能在著作及研究结果中做虚假及误导的陈述。对数据、研究程序等原始资料，应保存最少 5 年，以供编辑或其他研究者重复分析或查验。

作者名单内除了论文执笔人，还可以包括对研究有实质性贡献（参与构思研究问题、实验设计、数据分析以及论文撰写）的人，并依他们的实际贡献决定排名次序。对于参与实验仪器的调试、协助数据收集和录入等人员，或只是行政上协助（如机构主管、经费申请人，而并无学术上贡献），则无须列入作者名单，但可以在正文之后附注中表示致谢。

《出版手册》建议，以研究生为主导的研究及论文，或主要基于研究生的论文所产生的文稿，最终发表时，学生应为第一作者。若硕士生只参与导师研究的一部分工作，则可视各人的工作及贡献去决定谁是第一作者。

所有署名的作者皆应对文章负责，因此，在论文投稿前，每个作者都需要参与论文的审阅工作。如果论文被接受准备发表，有些期刊要求每个作者都签名确认。

2. 版权

不同机构对其所出版的刊物的版权有不同的处理方法，《出版手册》下属的期刊，若我们原文引用（完全相同或略做修改）一个图或表，只需要原作者同意。对引用原文文字，500 字以内只需注明出处，无须额外批核。当然其他期刊可能有不同要求。

《出版手册》依据美国法律，认为一件作品只要以具体形式出现（例如打在纸上），作者即拥有版权，直至作者将版权授予出版社为止。

在文章尚未正式发表前，作者若想将某些创意登记并公开，可利用一些公开的数据库（如 ERIC），这些数据库收集很多质量参差不齐的文稿（如会议论文），当然文稿一旦被收录，也会随即公开供他人查阅。

3. 重复及拆分发表

《出版手册》禁止作者将同一内容全部或大部分重复再次发表。不过只发表摘要、大学论文及发表在有限流通的期刊上的，则不在此限。

对于一些应合并在一起的研究报告，我们不应将它们拆散为多份独立的报告。作者对多份文稿是否应合并有怀疑时，应告知编辑并提供详细说明，让编辑做决定。若不告知编辑，日后编辑发现，并认为文稿重叠太多，可公开谴责，这会影响作者的学术诚信。

对于由期刊修改成为书本内篇章的文稿，《出版手册》建议作者应在文章内有充分说明，并明确获取恰当的著作权，才可重登已发表的内容（例如某些图表）。

4. 利益冲突

若作者为与文章或研究内容有利益关系者，应在作者批注内声明。例如，作者为某产品版权持有者，研究在于证明该产品的功效。

同理，在审查稿件时，如果稿件是熟悉的同仁所撰写，难免会有偏私，《出版手册》建议，应向编辑声明或退出审稿。

审稿人也不应随意向第三者透露所审的稿件内容，或未得到原作者同意，将稿件的内容供自己或他人使用。

第二节　投稿前的修改及准备

1. 须多次重复修改和校对

一篇论文从动笔到发表，中间要经过多次修改。投稿前要修改，投稿后还要修改。几乎没有论文未经修改就发表的。

修改文章是件很困难的事情。一是因为自己很明白自己所写的东西，但对表达是否清楚，思路是否有跳跃性，自己却往往难以觉察。二是因为修改文章，特别是做大的结构性改动，并非易事。有时还需要忍痛割爱，把好不容易精心写好的文字大段地删掉。

2. 写好后放置几天

论文写好后马上检查，一般不容易看出问题。因为论文刚写好，内容都在脑子里，这时检查就好像读一篇非常熟悉的论文，没有耐心逐字阅读。可以分几次进行修改，放置几天再看，可能会有新的认知，也容易发现疏漏。

3. 出声阅读

论文修改需要细心和耐心，但做起来并不容易。因为是自己一个字一个字写出来的，内容非常熟悉，所以在检查时会不由自主地加快速度，结果容易疏忽存在问题的地方。不妨朗读自己的论文，就相当于给自己讲解，这有助于检查论文的逻辑思路是否清晰，术语是否规范，字句是否通顺，有没有错别字等。

4. 请有经验的同事或朋友评审

在写论文时，作者已经形成了一定的思维定势，检查论文时难免有许多盲点，不容易发现问题。不妨请别人评阅，因为每个人的视角不同，就比较容易发现问题，可能提出很好的修改建议。请有经验的同事或同学阅读你的论文，相当于在投稿之前请人审查，可以起到类似审稿的作用。

基于同侪意见修改，虽然客观上增加了工作量，但在投稿前应尽其所能将论文修改到最好。对于他们提出的意见，即使并不认同甚至认为意见并不适用，也应感谢他们的评阅并再三考虑所提意见，最后决定如何处理。尤其要慎重考虑你不认同的意见，如果忽略论文本身存在的问题，可能投稿之后编辑会提出同样的意见，那么就会影响编辑对论文质量的印象和判断。

5. 须阐明论文贡献

是否有学术贡献是论文能否发表的首要标准。在许多情况下，作者比编辑/审稿人更清楚自己所研究的领域，以及论文所具有的学术贡献。因此，作者需要客观清晰地指出论文的贡献所在，以令编辑及审稿人更加清楚地觉察到论文的价值。

6. 引用审稿人的文章

相关研究领域的重要学者（尤其是持相反意见的学者）很可能被邀请审稿，因此，在论文中，对他们发表的重要的相关文章应尽可能引用。引用应恰当，否则适得其反。这种做法看似讨好审稿人，但客观上讲，论文不应回避或遗漏相关研究领域的重要文献（包括持反对意见的文献），同时，文献越重要，学者对科学贡献越大，他们的审稿评价影响也就越大。Sternberg（2000, 2003）曾在他的书里提到，假设自己是某个领域的专家，当接到一篇相关稿件要他评审时，首先要看后面的参考文献中是否引用了自己有影响的文献。

第三节　投稿前的检查

1. 选取投稿目标期刊

论文经过认真的修改，已按期刊要求的格式排好版，接着就该把稿件投寄出去了。

在选取投稿的目标期刊时，除了考虑研究的内容外，我们亦可仔细阅读论文的参考文献，找出引用最多的几本期刊，分析这些期刊侧重的方向。如果与论文研究内容关系较大，则可考虑为投稿的对象。

2. 引用所投刊物发表的文章

从另一角度来看，在选取了某一期刊为投稿对象后，很多作者都会先检查他们是否已在文章中引用该期刊的文章。很多时候，他们会特地引用数篇该期刊的文章。

向某期刊，特别是向较集中于某一狭窄研究方向的期刊投稿时，如果文章的参考文献中连一篇该期刊的文献都没有，编辑和审稿人就会怀疑你没有仔细翻阅文献，即你可能根本就不了解这个期刊。对该期刊上发表过的文章根本不关心，那也就说明你对向该期刊投稿缺乏诚意，很可能是你的文章不适合该期刊的要求。这种看法虽不能一概而论，但对多数期刊来说还是适用的。

3. 要了解期刊的征稿范围

我们应了解所投期刊的性质。有的期刊是综合性的，有的期刊则是有所偏好。期刊的名称不一定完全能覆盖论文的接受范围，所以投稿前需要阅读期刊近期投稿须知上的要求，并翻阅该期刊近期所发表的文章。

4. 投稿依目标期刊撰写

有经验的研究者在撰写稿件时，心目中已有投稿的目标期刊，所以在做研究前就定好了论文未来的去向，并且也会按照该期刊的风格及要求撰写。例如，目标是一本一线教师阅读的期刊，侧重教育一线的实践，那么我们在文章中便需要强调该研究对老师课堂教学的启示。

5. 认真阅读投稿须知

投稿前一定要认真搞清楚投稿的要求。要仔细阅读近期出版的期刊上的投稿须知，应依据最新的要求投稿。

如果不按要求投稿，编辑部会把稿件退回，要求作者按要求重新投稿，这样就耽误了时间。如果投稿的渠道不对，很可能连反馈都收不到，因为编辑部没有收到你的投稿。

投稿须知中需要注意的方面主要有：

- 征稿范围：说明接受稿件的类型、专业领域。
- 投递方式：是邮寄打印稿，通过 E-mail 发送稿件，还是到编辑部网站上传电子文档？如果寄打印稿，需要寄几份？寄到哪里？寄给谁？

- 作者信息的处理：是不是匿名审稿？作者信息是否要隐去？这些信息包括可能曝光作者信息的基金编号、参与者的单位、参考文献、致谢等部分。是否需要另页提供作者的信息、联系方式？
- 文献的引用格式：是采用顺序编码制还是著者-出版年制？期刊的“作者须知”通常都会提供示例，要注意参考文献内符号等细节的要求。
- 标题等级：是按“1”“1.1”“1.1.1”还是一级标题不用序号，直接居中排列？
- 作者签名：是否需要邮寄所有作者的签名，以保证所有作者对稿件负责任？
- 单位证明信：某些期刊在采用稿件后，要求用官方机构名义发表的文章，有相关机构主管同意，在某些表格上签署；此外作者可能要申明没有一稿多投、没有知识产权方面的问题等。
- 版权转让合同：文章被采用后，是否要邮寄版权转让合同，把版权转让给编辑部或出版单位？
- 研究工具：是否要把研究工具作为附录以供审查？如果使用了别人的研究工具或某些图表，是否需要得到原创作者或版权人的同意？
- 审稿费/版面费：是否要寄审稿费才能受理？稿件被采用后是否要付版面费？

对于初次投稿的人来说，面对这么多要求可能会感到头疼。不要着急，慢慢就会适应。换位思考一下，如果你不认真阅读投稿须知，期刊编辑是否会认真阅读你的来稿呢？

6. 设法增加投稿命中率

Sternberg（2003）提出 29 点作者应该留意的地方。

第一，要表达什么。

- 清楚地表述问题，围绕问题组织文章。
- 要有一个引人入胜的引言。
- 清楚地说出研究的贡献，确信自己是对的，不要指望编辑或读者来判断。
- 告诉读者他们为什么应该感兴趣，但不要简单直白，说“本研究非常有意思”。
- 明确说出文章要说什么，要做什么，而且做到了。
- 保证文献综述中心思想突出，推理完备，结构平衡。
- 清楚地表达你的工作是如何建立在别人的研究基础之上的。
- 检查数据分析和解释正确无讹。
- 解释结果，不要让读者自己去解释，也不要把解释放在“讨论”中。
- 保证结论是基于数据的。
- 写出自己研究的缺陷。

- 检查数据结果，了解是否有其他的解释。
- 结尾要呼应主题，进一步加深读者对文章的印象，不要讲废话。

第二，如何表达。

- 句子简明，清楚，可读。
- 重视文章思路的流畅和文章的组织。
- 强调重点内容。
- 提供具体的例子，读者需要具体的例子来理解抽象的观点，认为文章写得越抽象就越有水平，是错误的想法。
- 不要认为别人都知道你的意思，都熟悉简写或专业术语，实际上并非如此。
- 写出研究的意义，像讲故事。
- 写作时把自己的读者面想得再宽一些，假设他们的专业知识再少一点。
- 不要写成自传，你在研究中如何钻入死胡同，如何痛苦和受煎熬，读者对这个不感兴趣。

第三，对所表达的内容做了什么。

- 认真检查，不要有拼写错误。
- 检查是否符合期刊的投稿须知和征稿范围。
- 把自己想象为一个严厉的审稿人，从审稿人的角度读一遍自己的论文，能请同事如此审阅一遍更好。
- 引用可能是审稿人的作者所写的文章。
- 为审稿人和读者写作。

第四，怎样回应他人评论。

- 认真对待审稿，但审稿人并不是上帝，只是我们的同行而已。
- 对事不对人，审稿人的意见是针对论文的，不是针对你个人的。
- 不屈不挠，坚持不懈，很少有一次投稿不需要修改的，有的稿件需要多次反复修改。即使是被无情地退稿，另一期刊也可能会张开臂膀欢迎你。

7. 避免低级错误

办公软件中多有拼写和语法的自动检查功能，可以帮助我们消除一些低级错误，特别是英文的拼写和语法错误（有的也可以检查中文）。某些校对软件可以发现一些常见的中文错误，如一些外国名人、国家名称、成语等规范用法。多数人名和一些专业词汇由于词库里没有收录，软件也可能把这些词误认为是错误的，所以，软件只是提醒我们，但不一定正确，还需要作者自己的判断和小心校对。

除了错别字，仍需检查句子是否通顺、翻译是否准确、有无打印错误、是否有误引文献或格式是否符合要求，它们带来的影响不可小觑。虽然编辑或审稿人不会把它作为退稿理由，但这样的错误会令审稿人认为作者缺乏严谨的写作及研究态度，进而怀疑论文的质量。因此，要主动修改低级错误，不要期望编辑或审稿人来纠正。这样才能提升论文的第一印象，减少编辑和审稿人的工作量，从而增加论文投稿成功的机会。

第四节　具体投稿

1. 投寄步骤

我们除了小心复核，以符合所投期刊的格式、字数要求外，还应留意目标期刊是否采用“盲审”（blind-review）制度。若采用“盲审”，则应该依期刊指示，准备一份删去作者姓名等资料的文档。

若需要邮寄多份原稿给编辑的话，应附上信件，清楚地列出稿件文题、目标期刊名称（一些编辑部可能同时处理多份期刊）。此外，一般要求作者清楚声明，文稿并未同时投寄其他期刊。一些期刊亦要求作者提交研究符合道德守则的资料（如已由某研究道德审核委员会批准）。

2. 打印本、文题页

投寄原稿需打印在 A4 纸张上（并非 letter-size，电子投寄亦可能有类同要求），单面印刷。英文文稿要求单倍行距，且正文只需左对齐（无须左右同时对齐）。

无论是打印稿还是电子文档投稿，每页必须插入页码，这样打印稿不易散乱，审稿时也有一致的页码做沟通时的参考。

应依据期刊要求，在信内或文稿文题页（第 1 页）列出通信作者的联络方法，包括邮寄地址、电邮地址、电话及传真号码等。

3. 区分稿件联系人和通信作者

投稿时，要写清楚稿件的联系人，联系人的常用联系方式，如电子邮箱、移动电话、办公室电话或住所电话、传真、邮寄地址和邮编等，保证双方交流渠道的畅通。

对研究生作者来说，要分清楚稿件联系人和通信作者的区别。稿件联系人是指稿件在处理过程中应该联系的人，一般是研究生自己。如果把导师作为联系人，编辑部把所有通知发给导师，导师还要把通知转给研究生，就多出一个环节，也增加了出错的可能。通信作者，有时也叫责任作者，是指稿件的责任人，一般是导师。通信作者的工作单位相对比较固定，以便对论文感兴趣的读者与其联系，而研究生的流动性较强，只是读书这几年在这个单位，毕业以后的工作单位还无法固定，所以研究生一般不宜做通信作者。

稿件联系人是论文没有发表之前的联系人，是短期的、临时的；通信作者是论文发表以后的联系人，是长期的。所以，投稿时不妨把这两个都写上，让编辑部决定跟谁联系。当然，由通信作者担任稿件审阅期间的联系工作，会减少编辑部混淆的可能性。

上述区分联系人与通信作者的方法，是国内期刊的习惯，海外期刊一般只有通信作者，并以附注（note）形式写在投寄期刊文稿的封面，刊印后依期刊习惯放在首页或文章尾部。

第五节　处理修改及退稿

1. 主动和编辑部保持联系

稿件按要求投递后，很多编辑部会通过期刊网页或电邮通知收妥稿件，若未获通知，可主动与编辑部联系，确认编辑部是否收到稿件或者是否遇到了其他问题。很多期刊规定3~4个月审稿期（具体参照所投期刊的惯例），逾期未获通知，可电邮再与编辑部联系，询问进展和是否有明确的处理结果等。总之，只要有疑问，就应该与编辑部保持沟通，以免耽误时间和产生误会。

2. 投稿是学习的过程

多次修改文章是一个需要付出辛苦的过程，如果因为觉得困难或耗费时间，或面对修改意见感到受挫而放弃修改，这是不明智的。要知道，“不参与就没有赢的机会”。

投稿要有良好的心理准备，应当把投稿看作：

- 我们专业工作的一部分。
- 一个学习的机会。
- 同行交流和切磋研究的机会。

要把投稿看作与编辑和审稿人“斗争”的过程，保持耐性，坚持不懈。极少有稿件不经修改就一帆风顺地被接纳发表。对学术问题，研究者持有不同见解是很正常的。与编辑及审稿人意见不一致时，沟通应对事不对人，冷静地思考和辩论。

即使认为审稿人或编辑提出的意见不太合理或是错误的，也要感谢他们的付出并应理解他们的辛苦，客观冷静地阐述自己的观点。即使对他们的某些建议我们决定不采纳，也要清楚地说明理由。如果对意见不予回应、置之不理，这样就没有尊重编辑或审稿人以及他们的工作，对文章的进一步修改亦无益处。

3. 正确对待退稿

退稿是件正常的事情。即使是已成名的大家，也会被退稿。投稿越多，被退的稿子也就越多。尤其是刚开始投稿时，由于缺乏经验，被退稿的概率偏高。随着研究的精进和投稿次数的增多，积累了写作经验，投稿的命中率就逐渐增加了。

退稿都是有原因的。论文缺乏创新或存在致命缺点（如样本不足、实验设计不合理），是被退稿的主要原因。但被退的稿件并不一定一无是处。有些作者认为审稿人没有看清楚或没有看懂自己的论文，但也有可能是自己没有表达清楚。写作不符合规范，或未能突出贡献，也是退稿的主要原因。

一般来说，绝大多数退稿是合理的。每个期刊都有自己的论文收录标准，被退稿件未能达到这个标准。但是否符合标准是由编辑、审稿人、编委会或主编来判断的，每个人掌握标准的尺度有差别，就有可能出现判断误差。如果退稿是由某个人决定的，判断误差就较大；如果退稿是由多个人决定的，判断误差就会相对较小。

一般来说，对质量很高和质量很低的稿件，做出录用或退稿的决定是容易的，处理结果也容易被作者认可。问题是那些处于录用和退稿二者之间的稿件，创新性贡献不大但又有些贡献，且不存在严重的问题，对这些稿件的决定就会让审稿人为难。所以，稿件是否被退也有运气的成分。

退稿并不都是坏事。至少通过退稿，知道了问题所在，也增进了与同行的交流。即使经过多次修改后最终仍被退稿，也是有所收获的，起码论文已经比原稿有所完善，再投其他期刊，也可能会一举中的。

有投稿就有退稿。如果不想被退稿，最好的办法是不要投稿，这样就永远不会受到别人的批评指责，但同时也失去了稿件被录用的机会。

4. 回应修改要求

很多主编（副主编或责任编辑）会邀请 2 ~ 3 位审稿人评审文章。审稿完成后，主编除了附上各份评审报告外，很多时候也会同时提供他的评审意见。有时亦会指出某些修改是必需的，某些修改则只供参考，作者可权衡之后再做解释。有时审稿人之间的意见互相矛盾，也是可能的。

如果未能满足编辑所坚持要求的修改，如进行某一个附加实验，或收集参与者的更多个人资料（如年龄），已无法联络研究中的参与者，那么我们可能应该考虑改投其他期刊。这视我们是否有足够的理据，及编辑是否坚持某些修改要求而定。

对评审者合理的建议应尽量接受。对难分对错、可有可无的修改，也无须刻意争论。对于错误的建议，我们可客观地指出问题，并解释未做修改的原因。

在寄回修改稿时，大部分期刊均要求作者逐一回应审稿人意见。在这封给编辑的信中，应先概括描述修改稿最主要的改动，然后按照编辑部反馈的意见序号逐条说明：针对哪些意见做了修改，是如何修改的，修改前是什么，修改后是什么，改在哪一页哪一段。应从编辑或审稿人的角度来考虑，如何方便他们的审阅，因此，修改说明应较为详细。如果作者不同意审稿人的意见，就应该给出理由，解释为什么没有修改。例如，

1. 建议（reviewer's comment）：在文献综述中应增加相关动机理论。

回应（response）：在 p. 8 中已加强动机理论中学习目标的文献综述。

2. 建议：男女应分别统计。

回应：在 p. 20 分析中，已将性别加入做预测变量，并在文献中加入相关陈述。

3. 建议：将两个研究合并分析以增加功效（power）。

回应：因实验一及二为不同的学生参与者，无法依建议将两个研究合并做 t 检验，不过我们已分别提供实验一及二的功效量。

5. 被退稿后尽快改投

如果文章被退稿，或能明确知道论文无法满足编辑所坚持的要求，我们应该尽快将文章改投。尽管投稿成功与否也涉及一定的运气成分，但我们不能总是投寄同等要求的期刊。我们可参考期刊的影响因子（impact factor）等资料，选择改投要求相对较低的期刊。

对一些合理且容易实现的修改，应在改投前先处理好。对一些可有可无或者不合理的建议，则无须理会，因为新一批的审稿人可能有其他完全不同的看法。

不少经验不足的研究者，在文章被拒后，因气馁而放弃修改或改投，最终因文献过期而浪费了整篇文章。所以，在被退稿之后，不要放弃，迅速改投是关键。

6. 学会使用规范的校对符号

当文章被接纳后，将会依序排版，有时可能需要等待半年至一年。过往文稿排版

后，我们需要在打印稿上进行校对及修改，并要使用规范的校对符号，如不能把删去的字打个叉、涂黑或画几道横线。

如今，大部分期刊要求作者在电子排版稿上校对清样，并回答一些校对过程中发现的问题，如某篇文章在正文引述时，与参考文献内的年份不一致。尤其是对特别字符及方程式，我们应小心校对，并依编辑的指示做回应。一般来说，我们不应该也不能够在这一阶段对文章做大幅度及文字修饰性的修改；若必须做较大篇幅的改动，出版社可能将文章压后出版，或收取版面修改费用。

课后练习及解析

练习 1

以下关于稿件版权的说法中，哪些正确，哪些不正确？

（i）论文作者应按照其职阶或在学术界的权威性排序。

（ii）直接将其他学者的图表放在自己的文章中时，只需注明出处（文中标示及文末列表）即可。

（iii）应尽量争取分拆发表相同或相似的研究报告，以提升论文发表数目及学术知名度。

（iv）只要有恰当的声明，则无须避免发表与自己利益（如商业制品）相关的研究。

（v）应投稿至相熟编辑所负责的期刊，互相支持。

解析

（i）不正确。排序应单纯按照对文章实际贡献而决定。（见：第一节　1. 研究及出版的道德规范）

（ii）不正确。文章的图表版权属于作者或出版社。例如，若引用 APA 期刊图表，视数量决定是否要经原作者同意。（见：第一节　2. 版权）

（iii）不正确。不应重复发表同一课题的全部或大部分资料，或故意分拆发表研究报告。（见：第一节　3. 重复及拆分发表）

（iv）不正确。即使声明了利益关系，但仍难免或多或少令人质疑研究的中肯性。作者应尽量避免发表与自己有利益关系的研究。（见：第一节　4. 利益冲突）

（v）不正确。由熟悉的同仁审稿可能会造成偏私，反而会影响双方的诚信。（见：第一节　4. 利益冲突）

练习 2

以下关于投稿前准备的说法中，哪些正确，哪些不正确？

（i）论文投稿前不宜向任何人透露资料，以免泄漏研究成果。

（ii）了解所投期刊的性质，并据之修改论文的方向或结论。

（iii）先了解欲投稿期刊的审稿人名单，并从文章参考文献中剔除该期刊及审稿人的文章，以避免被人指为讨好及奉承。

（iv）尽量依靠文书软件自动校对文章的拼写及语法错误，这样更为准确及有效率。

解析

（i）不正确。可以邀请信任而有经验的同事或朋友试读及提出意见，起到预先审稿的效果。（见：第二节 4. 请有经验同事或朋友评审）

（ii）不正确。应在撰写论文前就决定论文方向，因此参考期刊风格亦应于撰写前就确定，并顺理成章地融入论文中，而非完成后才勉强修改。完成后可考虑的是选择一本适合论文性质的期刊去投稿。（见：第三节 3. 要了解期刊的征稿范围；4. 投稿依目标期刊撰写）

（iii）不正确。无须亦不应回避相关研究领域的重要文献。（见：第二节 6. 引用审稿人的文章；第三节 2. 引用所投刊物发表的文章）

（iv）不正确。软件大多依靠比对收入的词库以修正错误，而某些未被收入的人名或专业用语可能亦会被软件自动改动而产生错误，因此仍需作者自己小心校对。（见：第三节 7. 避免低级错误）

练习3

以下关于投稿后跟进的说法中，哪些正确，哪些不正确？

（i）在收到通知前避免主动联络编辑部，以免令人觉得被催逼。

（ii）被退稿后不应随即改投至其他期刊，以免令人感觉不认真修改。

（iii）若收到修改通知后而决定不做修改，亦应知会编辑部。

（iv）编辑部提出修改要求，就表示有很大机会于修改后予以发表。

解析

（i）不正确。有疑问时就可以与编辑部沟通，否则会耽误时间。（见：第五节 1. 主动和编辑部保持联系）

（ii）不正确。汲取经验及意见后应尽快改投，否则文献过期反而浪费了文章。（见：第五节 5. 被退稿后尽快改投）

（iii）正确。对修改建议，无论如何应仔细考虑；若决定不采纳，亦应向编辑部清楚解释，以示尊重。（见：第五节 2. 投稿是学习的过程）

（iv）不正确。修改要求代表编辑与审稿人的意见，亦有可能经多次修改后仍被退稿。（见：第五节 3. 正确对待退稿；4. 回应修改要求）

第十九章

评审他人论文

关键问题

审阅他人稿件应包括哪些部分?

审阅他人稿件涉及哪些道德问题?

审稿时应否暴露自己的身份?

如何撰写审稿报告?

审稿时应否指出文章的贡献?

当审稿人自己没有时间,或并不熟识该文章研究范围时怎么办?

怎样审阅特刊邀稿?

第一节　评审过程

一般评审报告最少包括三部分内容。

(1)评分:用5点量表等评核内容、研究方法、重要性、切合期刊的内容及目的等项目,最后做一个总体评价(立刻采纳、轻微修改后采纳、重大修改再审、退稿等)。

(2)给作者的意见。

(3)给编辑的意见。

作者通常只会看到第(2)栏的内容,因为编辑需综合数位审稿人的意见,所以不一定与个别审稿人采纳与否的决定相符。因此审稿人在给作者的意见一栏中,不会透露论文最终是否被采纳的决定。

在第(3)栏,审稿人可以额外附上一些作者不会知道的信息。例如,虽然建议退稿,但也会告诉编辑,若作者可再加大样本,或进行多元统计分析,可以考虑再审。

若该文章内容不适合所投稿的期刊,审稿人亦可向编辑指出,甚至就可投稿的期刊提出建议，让编辑决定是否采纳意见，并转告作者。在审稿时，若审稿人认为文章可能有剽窃或作假成分，亦可在此向编辑指出。

第二节　审稿人的工作

1. 作为学者的责任

绝大部分的期刊是依靠同行学者互相评审稿件。审稿是一个学习过程，也是学者间的道义责任。

2. 匿名也要负责任

不要以为是匿名评审，审稿人便可以随便用恶毒言语，或写一些自己也不知是否正确的意见。

3. 不可剽窃

作为审稿人，不能偷窃他人的研究设计、构想或结果，作为己用。需待该文章刊出后，再引用该文章去进行自己的研究。在极特殊的情况下，可尝试透过编辑部，看看作者是否同意别人引用该尚未发表的文章。未经原作者同意，利用审稿去盗窃他人知识财产（意念、设计等），属剽窃行为。

4. 注意是否有利益冲突

如果审稿人知道或很易猜测作者身份，而因种种原因（如与作者原本属同一所大学，相同院系，但刚转到别校）可能有利益冲突，则可以通知编辑，征求是否需要回避等意见。对一些极小的学科及研究范围，由相熟朋友匿名互评，亦非罕见。

5. 注意是否匿名评审

很多期刊评审时要求作者及审稿人都匿名，只有编辑知道，也有一些期刊对审稿人提供作者姓名，还有一些期刊是让作者自行选择是否匿名评审。一些网上期刊甚至在文章出版后，将整个评审过程（内容及回应）、审稿人姓名等资料上传供读者评阅。

在绝大部分期刊的评审过程中，作者并不知道谁是审稿人。因此在评审文章时，审稿人不应在评审中提供资料，暴露自己的身份。此外，就算审稿人知道作者是谁，也不应私下与作者联络。

6. 在规定期限内完成

编辑一般容许审稿人在 2 ~6 个星期内评审，并会在邀请评审时指定时限。如果答应承担评审工作，应尽责地在时限前完成。

7. 作为不同类别的审稿人

有些时候，编辑会邀请一些特别的专家去评审稿件的某一部分内容。例如，因为审稿人是某种特殊统计方法的专家，编辑可能为此邀请其重点审阅文章的统计方法，提供评论。

8. 无酬评审

评审期刊文章，绝大部分是无偿的学术贡献。评审学位（如博士）论文或研究基金的申请书，则有时可能获得少量的报酬。在评审期刊文章后，部分出版社为答谢评审，在某一段时间（如几个月）免费提供该出版社所有期刊的网上阅览下载权。不过，不同出版社等机构习惯并不相同。

9. 审稿注意事项

审稿时应注意如下几点：

- 评审对事不对人。避免做人格的评价，如“笨”等。这些评价不仅会对作者造成伤害，而且不具有建设性。
- 应提出具体的修改意见而不是空泛的、难以操作的批评。例如，“讨论的深度还需要加强”，可改为“应考虑这种新教学法应用理据及数字上的局限”。
- 评审要有依据，不要想当然地评价。
- 每个人的思考角度不同，不要认为自己的建议是最好的，避免说“作者必须如何去修改”。应用讨论的口吻，让作者自己决定是否需要修改。如果作者有自己的理由，可以设身处地从作者的角度考虑，看他是否有道理。如果审稿人不认同作者的想法，表示不同意发表即可。
- 做好自己的家庭作业，对自己把握不准的内容需要先查资料，再写评审内容。

- 用开放的问题引出作者的想法。
- 积极倾听。
- 不要吝啬表扬，文章的优点也应指出来。
- 尽量在规定的时间内完成评审。如果没有时间，应在收到审稿时就退回编辑部。避免临近期限才说没有时间。
- 同行评审，大家都是同行，而不是说审稿人的地位就高于作者。

10. 要正面关注文章的贡献

绝大部分研究及文章有其局限和弱点。在评审时，除了提出一些有建设性的批评外，亦应考虑该文章的整体贡献。综合来说贡献较大的文章，应尽量鼓励及协助作者修改，并最终予以发表。

11. 推荐合适人选

当审稿人自己没有时间，或并不熟识该文章研究范围时，可以推荐一些合适人选供编辑参考。

12. 特刊邀稿

某些期刊也喜欢由编辑或特邀的专刊责任编辑，去组织多篇文章成为专刊。虽然很多时候在邀请作者时，都会声明将会依一般审稿程序，不保证采纳稿件，但在实际运作中，因为出版时间所限，拒绝稿件太多便做不成专刊，或者令专刊的覆盖内容有所缺失，所以在很多时候，审稿人只可以不断提修改意见，较难退稿。

当审稿人既难以退稿又要求重大修改时，应要求作者在讨论等适当地方清楚地指出该研究在工具、方法、样本等方面的局限，让读者应用结果时有所警惕。

课后练习及解析

练习1

作为审稿人，以下做法哪些恰当，哪些不恰当？

（i）绝对不能评审相熟作者的稿件。

（ii）取用审而未发表的文章部分。

（iii）直接向作者提供改进建议，以便其尽快修稿。

（iv）主要着墨于文章的不足之处，以便作者有效改善。

解析

（i）不恰当。收到相熟作者的稿件时，应先向编辑部申报；若得编辑部同意，则评审相熟作者的稿件也并非不可。（见：第二节　4. 注意是否有利益冲突）

（ii）不恰当。这种行为等同于剽窃。（见：第二节　3. 不可剽窃）

（iii）不恰当。审稿人不应私下与来稿作者联络；一般而言亦不应暴露身份。（见：第二节　5. 注意是否匿名评审）

（iv）不恰当。为了中肯地评价，既须提出建设性的批评，亦须表扬优秀的贡献。（见：第二节　10. 要正面关注文章的贡献）

练习 2

作为期刊编辑，以下做法哪些恰当，哪些不恰当？

（i）为某篇来稿邀请特别审稿人评审指定部分。

（ii）向审稿人提供报酬。

（iii）在准备关于某题目的专刊时，指示审稿人尽量不做退稿处理。

解析

（i）恰当。编辑可按需要邀请特别审稿人，例如邀请统计专家协助评审来稿中较特别的统计方法。（见：第二节　7. 作为不同类别的审稿人）

（ii）恰当。虽然审稿人一般是无偿工作，但编辑亦可向审稿人提供若干报酬。（见：第二节　8. 无酬评审）

（iii）恰当。因出版时间所限，且被邀撰稿学者，其作品水平多较高，故可能不容许退稿。当然，此情况下应向审稿人解释，并指示审稿人要求作者清晰指出该研究的局限。（见：第二节　12. 特刊邀稿）

第二十章
学术会议论文报告

关键问题

学术会议论文报告最需要关注的是什么？
如何做口头报告？怎样准备？它包括什么内容？
幻灯片内容须用什么字体？
幻灯片应否加插额外的声效及动画？
口头报告有哪些常犯错误？
报告时如何平衡不同背景的观众？
如何准备海报？海报应该包括什么内容？
海报能否直接用文章内表格？
如何衡量口头报告及海报的好坏？

第一节　报告内容

1. 最重要的是吸引力

学术研讨会多以论文报告（paper presentation）、海报（poster）展示或小组报告（small group）、圆桌会议（round table）等形式进行。除了主题发言外，每篇论文报告的时间大都只有 10 ~ 20 分钟。因此无论以何种形式发表研究报告，最重要的是我们必须在最短的时间内吸引参与者的注意，令他们有兴趣索取进一步的资料。最常见的问题是研究者对内容不知如何取舍，长篇大论且毫无重点，最终未能吸引与会者的兴趣。

2. 合理编排内容

一般来说，绝大部分的口头报告及海报内容，仍是按一般论文内容的次序去编排的，也就是说，从文献综述、研究方法、结果到讨论，是一篇浓缩版的论文。

虽然大部分报告的内容次序大致相同，但每篇报告仍有它独特的地方，例如，某研究的实验设计很精彩，或参与者极为罕见（如全部参与者都是奥运金牌获奖者），我们自然会用较多篇幅去描述这些特点。

3. 有所取舍，少就是多

研究报告内容的多寡受论文报告的时间及海报的大小所限制，很多研究者急促平淡地诵读论文，或用细小字体，以便海报能包括较多的内容，但往往得不偿失。

在 10 ~ 20 分钟论文宣读时间或海报大小等限制下，西方谚语“少就是多”（less is more）及简约主义（minimalism）是十分有用的指导原则。只要观众对我们的研究产生兴趣，他们自然会进一步索取资料。

4. 多用图表

因口头报告论文的时间及海报的大小均受限制，所以我们在幻灯片及海报中会较一般学术文章用更多的图表，以最简洁、清楚和富有吸引力的方式展示结果。

5. 留白

无论是幻灯片还是海报，应尽量留空位，减少排版太满带来的压迫感。

第二节　海报展示

1. 应有摘要

海报内容的开始部分应有研究的摘要，但这摘要较一般文章摘要更短，务求在第一时间吸引观众，令他们有兴趣阅读海报的其他内容。

2. 简洁自明

为求简洁，海报内容可以点列，无须用完整句子，但与幻灯片不同，许多与会者会自行阅读海报，所以海报应有足够资料，以不用讲解能自明为原则。

除了一些特地前来仔细浏览某一海报的与会者外，绝大部分海报的观众只会简单浏览，所以必须善用简洁易明的图表。

3. 只需列关键文献及联络方法

不应在海报内列出所有参考文献，只需列出最重要的关键文献。应展示研究者的电邮等联络方法及研究的相关网址。许多会议主办者亦鼓励研究者准备及派发一张简介，甚至一张小纸条（附联络方法）。如果研究者并非全部时间站在展板旁介绍，他们亦可以在展板上张贴一张白纸，让有兴趣进一步索取资料者留下联络电邮地址。

4. 尽量依会议要求设计海报大小

从不同会议可见，各海报的大小不一定十分统一，应容许一点弹性。不过，我们应该尽量依大会的指示去准备海报。

5. 字体要足够大

字体要足够大，在一米外仍十分清晰。可考虑用 Arial、Helvetica，英文内容用 20 号字体，标题用 48 号（Nicol & Pexman, 2010）。

6. 善用标题及空白

要善用标题及空白，以区分不同内容，方便读者找他们最有兴趣的部分。

7. 使用分栏

一般海报内容是由上至下，由左至右，以横行展示。为方便阅读，每横行不能太长。我们习惯将海报分为几个栏（column），由左至右排列。

8. 善用色彩

五彩缤纷不一定更好。毋庸置疑，恰当的色彩能吸引读者（Nicol & Pexman, 2010），且能用以区分海报内不多的部分，去突出重点。但是，一般来说，五彩缤纷，用上多种颜色及字体往往令内容更凌乱，看起来也不一定专业。

9. 多用红、蓝、黄

除了刻意强调的关键词外，内容字体用黑色。多用红、蓝、黄，选取两三种颜色后，在不同部分固定且一致地用相同的颜色。例如，海报内有学童的照片，我们用学童校服的某种蓝色调，作为主标题字体的颜色，再用学童帽子的红色，作为次要标题字体的颜色。

10. 最好用白色背景

尽量避免用图片或图画作为海报的背景，若真有此需要，应用极淡的色调，甚至在文字部分改用全白的背景。

第三节　论文报告及幻灯片展示

1. 风格统一

各张幻灯片应有一致的格式（如花纹图案）、色调、字体及风格，令它们看来更有连贯性。

2. 使用小标题

为令幻灯片的内容结构更清晰，同一部分的内容可用相同的小标题。例如，我们用四张幻灯片做讨论，在幻灯片右上角小标题的位置写上“讨论（1）”　“讨论（2）”等。

3. 点列

除非是名人语录等须原文照录，否则幻灯片的所有内容应简单点列，不用完整句子。

因为幻灯片的作用是辅助口头报告，并非让读者自行阅读，所以可以比海报更简单，无须也不应该用完整句子。例如，

$N=350$，13 ~ 15 岁学童

4. 字号字体要合理

幻灯片内容字号一般需 28 号或以上，不能太小。尽量用黑色字体，尤其是在光照较强的场地，观众难以阅读浅色的内容及文字。

5. 不能直接用文章内表格

一般来说，简单地将文章内的表格放在幻灯片上，字体肯定太小，难以清楚地阅读。所以我们应该摘取文章表格内最重要的数字，并做简化（例如，减少小数位，删去 p 值），再放在幻灯片上。每当论文报告者说“我知道表格字体太小，你们看不清楚”时，我们总是会问他们为什么明知故犯，不事先将部分表格内容删去，放大最重要的部分。

6. 内容不能过多

幻灯片的内容虽然用图表展示较易理解，但也不能一闪而过，我们应有足够的时间让与会者细阅及了解内容。会议中研究者准备的幻灯片过量、轻重不分，报告时超时或飞跳幻灯片等，是常见的通病。若以 1 ~ 2 分钟解说每张幻灯片，一个 15 ~ 20 分钟的报告，一般来说只能采用不多于 10 张的幻灯片。

7. 确保软件共容性

若采用大会提供的电脑，需确保软件的版本（及语言）共容，能顺利展示全部内容。亦可准备不同软件版的档案（如 pdf、word），以备不时之需。

8. 小心决定是否要加插声效及动画

小心决定是否需加插额外的声效及动画，有时这些从前看来颇吸引人的东西，已渐渐变成低级趣味。

9. 亲近观众

若可以，用遥控器及激光笔，找一个与观众更便于互动的位置，比站在讲坛后更佳。

10. 用互动促进气氛

在宣读论文时，应尽量面向观众，眼神与观众有交流，不要沉闷地读出讲稿，更不应面向投射银幕。到达会场后，可与一些已到会场的参与者交流。以一个简短的故事或笑话做开场白能促进会议气氛，但这些故事或笑话应该与论题有关，且配合该场合的气氛。

与论文内容的要求一致，我们不应随便以性别、种族、残疾等作为笑话中被取笑的对象。

11. 多练习

宣读论文也涉及演讲技巧。对欠缺教学、演讲经验及信心的研究生，如何在演讲开始的数分钟内吸引观众的兴趣、投入及了解研究的问题和重要性，并不容易。事前练习、找其他同事或同学评论及提意见，十分重要。

如果英文口语能力有限，但须用英语做报告，可以尽量将内容及关键词语放在幻灯片上，也就是说，幻灯片正文文字比正常情况要稍多，那么观众就算听不清楚我们的英语，也能从幻灯片了解内容。为减轻背诵内容的压力，可准备讲稿，尽量用短句子，事先找老师矫正读音，报告时清楚地读出讲稿虽然感觉较沉闷，但仍然比临时拼凑句子效果更佳。

12. 平衡不同背景的观众

在大部分的研讨会中，观众的背景都是相差甚大的，虽然部分是该课题的专家，可是部分却是一无所知的观众。但如果我们只停留于浅白简单的报告，就会降低该报告的学术水平。为解决这个两难问题，大部分的报告者会尽量由一个较通俗浅白的起点，引发出研究所解决的问题及其重要性，然后用较学术化的语言带出研究结果，再用通俗一点的解释，指出研究的贡献及启示等。

同时满足不同背景的观众，是我们需要关注及处理的问题。

13. 简明扼要地回答问题

一般学术会议，会预留数分钟，让与会者发问。因回答时间往往只有数分钟，回答应尽量简明切题。对一些难以短时间解决的争论，或只有少数听众有兴趣的资料，我们可以邀请与会者留下，会后再做讨论或回答，这样我们便可以回答更多不同的问题。

14. 印发内容

为方便与会者，很多会议都要求或鼓励宣读论文的研究者，在会议中印发简报或相关资料，其中必须包含研究者的联络方法，或有关研究的网址，以便于日后的学术交流。

课后练习及解析

练习 1

在学术会议上报告论文时，以下做法哪些恰当，哪些不恰当？

（i）完整地报告论文，避免遗漏。

（ii）略去方法或文献等资料，直接报告研究结果及讨论等较有趣的部分。

（iii）无须作通俗解述，以展示学术水平。

（iv）表格采用原文表格数据及格式，另行配以文字简述。

（v）准备详尽的幻灯片以备不时之需。

解析

（i）不恰当。报告时间有限，应有所取舍，选择较能使观众感兴趣的数据。（见：第一节　3. 有所取舍，少即是多）

（ii）不恰当。报告应按一般论文次序编排，但着墨可有所不同。（见：第一节　2. 合理编排内容）

（iii）不恰当。在场观众并不一定是精通课题的专家，有必要深浅并重。（见：第三节　12. 平衡不同背景的观众）

（iv）不恰当。不应直接引用原文表格，不然字体太小难以辨认；正确做法为摘取及简化数据。（见：第三节　5. 不能直接用文章内表格）

（v）不恰当。过量往往造成超时或飞跳幻灯片。（见：第三节　6. 内容不能过多）

练习 2

在学术会议上展示海报时，以下做法哪些恰当，哪些不恰当？

（i）列出参考文献。

（ii）列出联络方法。

（iii）多使用各种各样的色彩。

（iv）多使用红、蓝、黄中 2 至 3 种颜色。

（v）视海报设计，可以横行与竖行相辅展示。

解析

（i）恰当。但应只列出最重要的文献。（见：第二节　3. 只需列关键文献及联络方法）

（ii）恰当。应提供联络方法，以便有兴趣取得更多资料的人可以联络作者。（见：第二节　3. 只需列关键文献及联络方法）

（iii）不恰当。七色缤纷反而可能导致凌乱，显得不专业。（见：第二节　8. 善用色彩）

（iv）恰当。在不同部分可一致地用相同颜色。（见：第二节　9. 多用红、蓝、黄）

（v）不恰当。一般海报为由上至下、由左至右地以横行展示。（见：第二节　7. 使用分栏）

引文参考文献

陈浩元（编）.（1998）. *科技书刊标准化18讲*. 北京师范大学出版社.

新闻出版总署科技发展司，新闻出版总署图书管理司，中国标准出版社（编）.（2008）. *作者编辑常用标准及规范*（3 版）. 北京：中国标准.

中国心理学会（编）.（2016）. *心理学论文写作规范*（2 版）. 北京：科学.

American Psychological Association. (2001). *Publication manual of the American Psychological Association* (5th ed.). Washington, D.C.: Author.

American Psychological Association. (2009). *Publication manual of the American Psychological Association* (6th ed.). Washington, D.C.: Author.

Eisenberg, N. (2000). Writing a literature review. In R. J. Sternberg(Ed.), *Guide to publishing in psychology journals* (pp. 17 – 33). Cambridge, UK: Cambridge University Press.

Nicol, A. A. M., & Pexman, P. M. (2010). *Displaying your findings: A practical guide for creating figures, posters, and presentations* (6th ed.). Washington, D.C.: American Psychological Association.

Sternberg, R. J. (Ed.). (2000). *Guide to publishing in psychology journals*. Cambridge, UK: Cambridge University Press.

Sternberg R. J. (2003). *The psychologist's companion: A guide to scientific writing for students and researchers* (4th ed.). Cambridge, UK: Cambridge University Press.

Tulving, E., & Madigan, S. A. (1970). Memory and verbal learning. *Annual Review of Psychology*, *21*, 437 – 484.

阅读型参考文献

在本书编写期间，我们参考了不同学者的建议；这些建议大多能促进学者间的沟通，也渐成写作规则，广受其他学者推荐。下述是部分相关的著作。

American Psychological Association [APA]. (2009). *Mastering APA style: Instructor's resource guide* (6th ed.). Washington, D.C.: Author.

Burton, L. J. (2010). *An interactive approach to writing essays & research reports in psychology* (3rd ed.). Milton, Queensland: John Wiley Australia.

Clines, R. H., & Cobb, E. R. (2011). *Research writing simplified: A documentation guide* (7th ed.). New York, NY: Longman.

Cone, J. D., & Foster, S. L. (2006). *Dissertations and theses from start to finish: Psychology and related fields* (2nd ed.). Washington, D.C.: American Psychological Association.

Cooley, L., & Lewkowicz, J. (2004). *Dissertation writing in practice: Turning ideas into text.* Hong Kong, P. R. China: Hong Kong University Press.

Craswell, G. (2005). *Writing for academic success: A postgraduate guide.* London, UK: Sage.

Dees, R. (2003). *Writing the modern research paper* (4th ed.). New York, NY: Longman.

Dunn, D. (2010). *A short guide to writing about psychology* (3rd ed.). New York, NY: Longman.

Galvan, J. L. (2009). *Writing literature reviews: A guide for students of the social and behavioral sciences* (4rd ed.). Glendale, CA: Pyrczak Publishing.

Garson, G. D. (2002). *Guide to writing empirical papers, theses, and dissertations.* New York, NY: Marcel Dekker.

Glatthorn, A. A., & Joyner, R. L. (2005). *Writing the winning dissertation: A step-by-step guide* (2nd ed.). Thousand Oaks, CA: Corwin Press.

Herr, K., & Anderson, G. L. (2005). *The action research dissertation: A guide for students and faculty.* Thousand Oaks, CA: Sage.

Landrum, R. E. (2008). *Undergraduate writing in psychology: Learning to tell the scientific story.* Washington, D.C.: American Psychological Association.

McInerney, D. M. (2001). *Publishing your psychology research: A guide to writing for journals in psychology and related fields.* London, UK: Sage.

Miller, J. E. (2004). *The Chicago guide to writing about numbers.* Chicago, IL: University of Chicago Press.

Miller, J. E. (2005). *The Chicago guide to writing about multivariate analysis*. Chicago, IL: University of Chicago Press.

Mitchell, M. L., Jolley, J. M., & O'Shea, R. P. (2010). *Writing for psychology: A guide for students* (3rd ed.). Belmont, CA: Wadsworth.

Modern Language Association of America. (2009). *MLA handbook for writers of research papers* (7th ed.). New York, NY: Author.

Murray, R. (2009). *Writing for academic journals* (2nd ed.). Maidenhead, UK: Open University Press.

Nicol, A. A. M., & Pexman, P. M. (2010). *Displaying your findings: A practical guide for creating tables* (6th ed.). Washington, D.C.: American Psychological Association.

Northey, M., Tepperman, L & Russell, J. (2010). *Making sense: A student's guide to research and writing* (6th ed.). New York, NY: Oxford University Press.

O'Shea, R. P., Bochner, S., & Duchesne, S. (2002). *Writing for psychology: An introductory guide for students* (4th ed.). Australia: Cengage Learning Australia.

Ownby, R. L. (1997). *Psychological reports: A guide to report writing in professional psychology* (3rd ed.). New York, NY: Wiley.

Page, M., Cohen, J. M., & the staff of the Yale Daily News. (2002). *Yale Daily News guide to writing college papers*. New York, NY: Simon & Schuster.

Phelps, R., Fisher, K., & Ellis, A. H. (2007). *Organizing and managing your research: A practical guide for postgraduates*. London, UK: Sage.

Pyrczak, F., & Bruce, R. R. (2007). *Writing empirical research reports: A basic guide for students of the social and behavioral sciences* (6th ed.). Los Angeles, CA: Pyrczak.

Redman, P. (2011). *Good essay writing: A social sciences guide* (4th ed.). London, UK: Sage.

Rodrigues, D., & Rodrigues, R. J. (2008). *The research paper: A guide to library and Internet research* (3rd ed.). Upper Saddle River, NJ: Prentice Hall.

Rosnow, R. L., & Rosnow, M. (2009). *Writing papers in psychology: A student guide to research papers, essays, proposals, posters, and handouts* (8th ed.). Belmont, CA: Wadsworth.

Ruszkiewicz, J., Walker, J. R., & Pemberton, M. A. (2005). *Bookmarks: A guide to research and writing* (3rd ed.). New York, NY: Longman.

Scott, J. M., Koch, R., Scott, G. M., & Garrison, S. M. (2001). *The psychology student writer's manual* (2nd ed.). Upper Saddle River, NJ: Prentice Hall.

Smyth, T. R. (2004). *The principles of writing in psychology*. Hampshire, UK: Palgrave Macmillan.

Thaiss, C., & Sanford, J. F. (2000). *Writing for psychology*. Boston, MA: Allyn and Bacon.

Turabian, K. L. (2007). *A manual for writers of research papers, theses, and dissertations: Chicago style for students and researchers* (7th ed.). Chicago, IL: University of Chicago Press.

Wager, E., Godlee, F., & Jefferson, T. (2002). *How to survive peer review*. London, UK: BMJ Books.

Woods, P. (2006). *Successful writing for qualitative researchers* (2nd ed.). New York, NY: Routledge.

图书在版编目（CIP）数据

心理与教育论文写作：方法、规则与实践技巧/侯杰泰，邱炳武，常建芳著．—2 版．—北京：中国人民大学出版社，2019．3
新编 21 世纪心理学系列教材
ISBN 978-7-300-26721-0

Ⅰ．①心…　Ⅱ．①侯…　②邱…　③常…　Ⅲ．①心理学-论文-写作-高等学校-教材　②教育科学-论文-写作-高等学校-教材　Ⅳ．①H152．3

中国版本图书馆 CIP 数据核字（2019）第 028576 号

新编 21 世纪心理学系列教材
心理与教育论文写作：方法、规则与实践技巧（第 2 版）
侯杰泰　邱炳武　常建芳　著
Xinli yu Jiaoyu Lunwen Xiezuo：Fangfa、Guize yu Shijian Jiqiao

出版发行	中国人民大学出版社		
社　址	北京中关村大街 31 号	**邮政编码**	100080
电　话	010－62511242（总编室）		010－62511770（质管部）
	010－82501766（邮购部）		010－62514148（门市部）
	010－62515195（发行公司）		010－62515275（盗版举报）
网　址	http://www. crup. com. cn		
经　销	新华书店		
印　刷	北京昌联印刷有限公司	**版　次**	2013 年 1 月第 1 版
开　本	787 mm×1092 mm　1/16		2019 年 3 月第 2 版
印　张	15．25	**印　次**	2025 年 1 月第 8 次印刷
字　数	300 000	**定　价**	38．00 元

关联课程教材推荐

书号	书名	第一作者	定价（元）
978-7-300-32716-7	普通心理学（第3版）	张钦	69.00
978-7-300-28095-0	心理学基础	白学军	55.00
978-7-300-26722-7	心理学（第3版）	斯宾塞·拉瑟斯	79.00
978-7-300-30451-9	认知心理学（第3版）	丁锦红	58.00
978-7-300-25882-9	生理心理学（第2版）	隋南	49.90
978-7-300-32539-2	实验心理学（第3版）	白学军	59.90
978-7-300-30715-2	社会心理学（第4版·数字教材版）	乐国安	68.00
978-7-300-32948-2	发展心理学（第5版·数字教材版）	雷雳	59.00
978-7-300-25588-0	变态心理学（第3版）	王建平	59.80
978-7-300-27212-2	教育心理学：原理与应用	刘儒德	58.00
978-7-300-32062-5	人格心理学导论（第2版）	许燕	59.00
978-7-300-28457-6	心理学专业英语	苏彦捷	49.00
978-7-300-27971-8	心理学研究方法：从选题到论文发表	王轶楠	45.00
978-7-300-32781-5	行为科学统计精要（第10版）	弗雷德里克·格拉维特	139.00

配套教学资源支持

尊敬的老师：

衷心感谢您选择使用人大版教材！相关配套教学资源，请到人大社网站（http：//www. crup. com. cn）下载，或是随时与我们联系，我们将向您免费提供。

欢迎您随时反馈教材使用过程中的疑问、修订建议并提供您个人制作的课件。您的课件一经入选，我们将有偿使用。让我们与教材共成长！

联系人信息：

地址：北京海淀区中关村大街31号804室　　翟然 收　　邮编：100080

电子邮件：lgcbfs@crup. com. cn　　电话：010－62511967　　QQ：492788991

如有相关教材的选题计划，也欢迎您与我们联系，我们将竭诚为您服务！

选题联系人：张宏学　电子邮件：zhanghx@crup. com. cn　电话：010－62512127

人大社网站：http：//www. crup. com. cn

心理学专业教师QQ群：259019599

欢迎您登录人大社网站浏览，了解图书信息，共享教学资源

期待您加入专业教师QQ群，开展学术讨论，交流教学心得